中歐食品
貿易案例解析

主編 毛麗君
副主編 韓大平

財經錢線

前言

本書通過對歐洲食品貿易法規進行全面系統的解析，同時分析歐洲食品貿易法規對中國食品貿易的影響，並提出相應的應對措施，不僅有利於中國正確應對歐洲食品安全標準貿易壁壘，更有利於中國食品出口貿易的長遠發展。

本書由毛麗君擔任主編，並負責全書寫作框架的擬定，編寫的組織與管理、章節要點審核與指導，以及全書編纂工作。本書共有六章，具體章節如下：

第一章中歐食品貿易概述，通過分析中歐商品貿易現狀和特點，發現中歐商品貿易的特點和存在的問題；第二章歐盟食品安全法規概述，分析了歐盟食品安全法律的原則和特徵以及歐盟關於轉基因食品的立法，探討了歐盟食品安全法律體系的框架和法規的實施情況，著重分析了歐盟關於農藥殘留的管理規定；第三章食品安全與國際貿易的相互影響，重點分析了歐盟技術貿易壁壘、保障措施和限制措施等有關食品安全方面的實施對中國食品貿易的影響；第四章歐盟食品安全法規下的食

品貿易案例分析，則利用典型案例進一步分析歐盟食品安全法規的實施和對中國食品貿易的影響。第五章中國應對歐盟等發達國家和地區技術貿易壁壘的措施，從出口企業、食品行業和政府三個方面提出了中國應對歐盟食品安全法規的措施建議；第六章歐盟食品安全法規對中國的啟示，指出中國目前食品安全法規存在的不足，並提出具體的改革和完善措施。

編　者

目錄

第一章 中歐食品貿易概述 　　　　　　　　　　　　　　　　1

一、中歐商品貿易現狀 　　　　　　　　　　　　　　　　　　1
二、中歐商品貿易特點 　　　　　　　　　　　　　　　　　　3
三、中歐商品貿易關係發展中存在的問題 　　　　　　　　　　4
四、中歐食品貿易發展現狀 　　　　　　　　　　　　　　　　5

第二章 歐盟食品安全法規概述 　　　　　　　　　　　　　11

一、歐盟食品安全法規概述 　　　　　　　　　　　　　　　14
二、歐盟食品安全法規的實施 　　　　　　　　　　　　　　20
三、歐盟最新食品安全法規 　　　　　　　　　　　　　　　26
四、歐盟應對食品安全問題的立法 　　　　　　　　　　　　38

第三章 食品安全與國際貿易的相互影響 　　　　　　　　　40

一、食品安全與國際貿易相互影響 　　　　　　　　　　　　40
二、食品安全法規對中國食品貿易的影響 　　　　　　　　　47
三、歐盟對中國食品通報的預警分析 　　　　　　　　　　　55
四、歐盟技術貿易壁壘對中國出口商品的影響 　　　　　　　61

第四章 歐盟食品安全法規下的食品貿易案例分析　69

一、歐盟食品安全事件　69
二、案例1：「毒雞蛋」事件　72
三、案例2：美國與歐盟之間的轉基因食品貿易關係　77
四、案例3：歐美荷爾蒙牛肉案　83
五、案例4：歐盟香蕉進口、銷售和分銷體制案　88
六、案例5：中國凍蝦仁遭歐盟退貨案　92
七、案例6：黑龍江豬肉出口成功規避綠色貿易壁壘　94

第五章 中國應對歐盟等發達國家和地區技術貿易壁壘的措施　98

一、戰略上的調整：鼓勵自主開發、直接對外投資　98
二、完善技術創新體系，大力支持和推動行業公共技術服務平臺的建設　99
三、食品出口企業應對技術性貿易壁壘的主要對策　100
四、政府應對技術性貿易壁壘的主要對策　101
五、行業協會應對技術性貿易壁壘的主要對策　105

第六章 歐盟食品安全法規對中國的啟示　107

一、歐盟食品安全風險防控體系的啟示　107
二、歐盟食品安全法律制度的啟示　111
三、歐盟食品安全監管體系的啟示　117

參考文獻　122

附錄　歐盟食品法規標準節選　124

第一章　中歐食品貿易概述

● 一、中歐商品貿易現狀

　　1993—2004 年，日本是中國最大的貿易夥伴。而 2004 年，隨著捷克、波蘭、匈牙利等東歐國的加入，歐盟成員國增至 25 國，歐盟的經濟呈現出快速發展的狀態。繼日本之後，歐盟於 2004 年成功成為中國最大的貿易夥伴，並將這一地位一直保持到現在。這期間，中歐每天的貿易往來額約 15 億美元，連續三年雙邊貿易額超過 5 000 億美元。時任中國商務部部長的高虎城在 2014 年兩會期間說，2013 年中歐雙方貿易額高達 5 662 億美元，比 1975 年建交時增長了 235 倍。中歐經貿關係已是世界上規模最大、最具活力的經貿關係之一，中歐已提出到 2020 年雙邊貿易額達到 1 萬億美元的目標。並且，中國與歐盟發達成員國處於經濟發展的不同階段，在市場、技術和勞動力資源等方面有著很強的互補性，中歐經濟相互依存度極高。至此，歐盟與中國確立了至關重要的互惠合作的貿易關係。與此同時，中國也是歐盟的第二大貿易夥伴並且是歐盟第二大出口市場和第一大進口來源國。

　　在食品貿易方面，多年來，中國國家質檢總局與歐盟委員會健康與消費者保護總司、歐盟各成員國食品安全主管部門都建立了良好的合作關係，開展了廣泛的交流與合作。2002 年，中歐雙方共同成立了食品安全專家工作組，通過專家工作組的合作，解決了口蹄疫問題、二噁英問題和中國動物源性食品輸歐問題。2006 年 1 月 16 日，雙方簽署了《中華人民共和國國家質量監督檢驗檢疫總局與歐盟委員會健康與消費者保護總司關於管理合作安排的諒解備忘錄》，建立了中歐在食品和消費品安全領域的合作機制。在中歐雙方的共同努力下，中歐食品貿易得到健康順利的發展。

中歐食品貿易案例解析

圖1-1是對近10年中國的三大貿合作夥伴進行了比較。我們可以看到，從2000年到2011年，中日貿易額的比重與中美貿易額的比重都有了明顯的下降，分別下降了7.5%與2.3%，而中歐貿易額的比重卻上升了將近2個百分點。甚至在2008年的時候，中歐貿易額的比重高達16.8%。

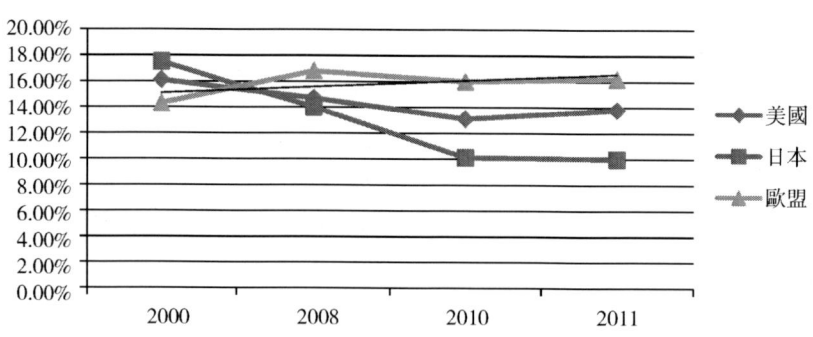

圖1-1　歐盟、日本、美國占中國對外貿易額的變化趨勢（2000—2011年）

數據來源：商務部數據整理。

表1-1呈現了中國與歐盟從2000年至2011年的各項重要的貿易數據，從這張表中可以明確看到：隨著中歐的貿易總額的逐年增長，中國對歐盟的貿易順差也在逐年增加。

表1-1　　　　　　　　中歐（盟）貿易統計數字　　　　　　　　單位：億美元

年份	總額	占中國外貿比重	中國出口	中國進口	中方貿易平衡
2000	690.4	14.3%	381.9	308.5	73.5
2001	766.3	15.0%	409.0	357.2	51.8
2002	867.6	14.0%	482.1	385.4	96.7
2003	1,251.2	14.7%	721.6	530.6	190.9
2004	1,772.9	15.4%	1,071.6	701.2	370.4
2005	2,173.1	15.3%	1,437.1	736.0	701.1
2006	2,723.0	15.5%	1,819.8	903.2	916.6
2007	3,561.5	16.4%	2,451.9	1,109.6	1,342.3
2008	4,255.8	16.8%	2,928.8	1,327.0	1,601.8
2009	3,640.9	16.5%	2,362.8	1,278.0	1,084.8
2010	4,797.1	16.1%	3,112.4	1,684.8	1,427.6
2011	5,222.4	16.3%	3,576.3	1,646.1	1,932.2

資料來源：商務部發布數據整理。

第一章 中歐食品貿易概述

● 二、中歐商品貿易特點

（一）商品貿易結構得到改善，高新技術產品貿易快速增長

表1-2展示了中國對英國、德國、法國等三個歐盟主要經濟大國的貿易商品結構。從表中可以看出，中國對這三個歐盟主要的經濟大國順差最大的10類優勢產品大體可以分為兩類：一類為包括服裝、雜項製品、金屬製品、紡織、箱包、鞋類、家具等在內的傳統勞動密集型產品，一類為電信設備、辦公設備，中國在這類全球化生產極高的商品中，處在勞動密集的加工組裝環節。2002年，中國對歐盟主要經濟大國逆差最大的10類劣勢商品大體可以分為兩類：一類包括特種機械、車輛、動力機械及設備、金工機械、專業科學及控制用儀器等技術密集型產品；一類包括鋼鐵和化學原料等資本密集產品。2002年，這些產品共占中國對歐盟三國全部進口的60%。顯然，中國與歐盟之間處於國際分工中的垂直分工狀態，雙方間存在著較強的互補性，中歐貿易的發展潛力和空間巨大。這也是長期以來中歐貿易穩步發展並在近期迅猛增長的首要原因。

表1-2　　中國與歐盟主要國家（英、德、法）之間的貿易互補結構

	商品名稱	貿易差額（億美元）	占出口總額比重(%)
中國順差最大商品	服裝	24.4	10.5
	電信及聲音錄製重放設備	21.1	13.1
	雜項製品	20.5	11.1
	辦公機械自動數據處理設備	19.3	10.6
	金屬製品	8	5.4
	紡紗織物、製成品	7	3.6
	旅行用品、手提包及類似品	5.4	2.4
	鞋靴	4.9	2.1
	家具及零件	4.2	2.2
	活動房水道供熱及照明裝置	3.2	1.5
	合計	118.1	62.7
中國逆差最大商品	特種工業專用機械	-32	14.1
	陸路車輛	-17.6	9.4
	通用工業機械設備及零件	-16.1	9.3
	動力機械及設備	-14.1	6.4
	金工機械	-9	4
	專業科學及控制用儀器裝置	-8.9	5
	鋼鐵	-6.5	3
	其他化學原料及產品	-4.3	2.5
	初級形狀的塑料	-4.2	1.9
	其他運輸設備	-2.5	3.2
	合計	-115.2	58.9

資料來源：趙晉平. 走向成熟——關於中國與歐盟關係的若干認識［J］. 國際貿易，2003（11）.

中歐食品貿易案例解析

20世紀90年代之前，中國向歐盟出口的主要為傳統的大宗商品及輕工產品，進口的主要是成套設備及鋼材等產品。20世紀90年代之後，進出口結構有了一些變化，但進口商品仍以工業製成品為主，而出口產品除初級產品外開始有了工業製成品。2002年以後，中國對歐盟出口貿易結構出現了根本變化，機電產品成為出口的拳頭產品，高新技術產品貿易也在快速增長。根據商務部電機和科技產業司的統計，2000年以來的4年間，中國與歐盟的高新技術產品貿易增長近兩倍，年均增幅達32.5%。其中中國對歐盟高新技術產品2000年出口達到77.4億美元，2004年出口達到372.3億美元，年均增長近50%。2004年中國出口到歐盟的高新技術產品占中國高新技術產品出口總額的22.5%。

(二) 中國出口歐盟主要商品的變化圖

如圖1-2所示，中國的鋼材、塑料、紡織品、家具、玩具等主要出口歐盟商品的貿易量仍在穩步上升。其中，電子類產品計算機、顯示器、彩電等高新技術產品貿易量增長勢頭迅猛，已成為中國出口歐盟的主要商品，歐盟已成為中國高新技術產品第二大出口目的地。

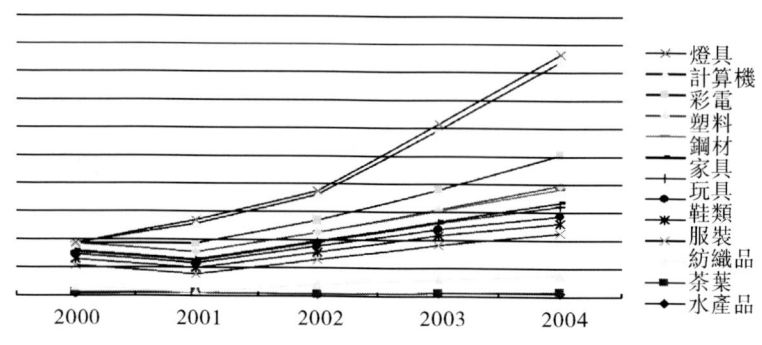

圖1-2　2000—2004年中國主要商品出口歐盟貿易額

資料來源：由《中國對外經濟貿易年鑒》整理而得。

三、中歐商品貿易關係發展中存在的問題

(一) 中歐貿易發展不平衡，仍有較大發展潛力

這種不平衡主要表現在：中國對歐盟貿易依賴性較大，而歐盟對華貿易依賴性非常小。多數年份雙方進出口差額不平衡，中國對歐盟貿易逆差直到1997年才得以改善。中歐貿易額主要集中在歐盟5國，中德貿易額占中歐貿易額的1/3左右，中國與歐盟其他國家的貿易擴展有較大潛力。

第一章 中歐食品貿易概述

(二) 歐盟內外有別的貿易政策一定程度上制約了雙邊貿易潛力的挖潛

歐盟成員國在進口時常採用歐盟統一規則，設置技術標準、環保標準等非關稅壁壘來限制其他方進入歐盟市場，實施保護色彩很強的共同經濟政策以維護自身利益。出口時則採用各成員國較靈活的規則，對其內部產品實施政府補貼或出口獎勵以擴大出口，保護本國市場。歐盟這種內外有別的貿易政策，使得中國要面對的標準較為複雜。

(三) 歐盟的貿易政策增加了貿易爭端與摩擦

目前，中歐貿易摩擦數量居高不下，引起摩擦的領域由低附加值產品貿易擴大到高附加值產品貿易，摩擦涉及的中國出口商品範圍從單個產品逐漸擴散到整個產業。反傾銷、保障措施、技術性壁壘、知識產權成為中國與歐盟國家貿易摩擦的四個新方向，其中反傾銷仍是雙方貿易摩擦的最大熱點，歐盟保障措施特別是針對中國的特別保障措施呈現上升態勢，技術性壁壘愈加成為中國出口難以逾越的障礙，知識產權的影響範圍將會越來越大。

四、中歐食品貿易發展現狀

(一) 全球食品貿易的發展現狀

食品作為全世界人民的共同需求之一，雖然說由於地區及國度的差異，各國人民對食品口味的選擇及需求量不盡相同，但是人們對食品的需求是必然的。隨著經濟全球化的加速發展，食品貿易作為全球經濟的重要組成部分之一也正以強勁的勢頭發展著。表1-3是全球主要國家和地區食品出口貿易情況，從表中非常明顯地得出，全球主要食品出口國家及地區中，居首位的一直是歐盟，緊隨其後的是美國，二者占據全球食品出口總額的一半以上，這樣重要的地位目前來講是其他國家無法替代的。

表1-3　　　　　全球主要國家和地區食品出口貿易情況

	出口額（十億美元）	占世界食品出口比例（％）			
	2008年	1980年	1990年	2000年	2008年
歐盟	481.05	—	—	43.8	43.2
美國	112.63	17.6	13.4	12.6	10.1
巴西	54.30	4.2	2.8	3.0	4.9
加拿大	39.33	3.5	3.5	4.1	3.5

中歐食品貿易案例解析

表1-3(續)

	出口額（十億美元）	占世界食品出口比例（%）			
	2008年	1980年	1990年	2000年	2008年
阿根廷	36.82	2.3	2.2	2.7	3.3
中國	35.90	1.4	2.5	3.1	3.2
印度尼西亞	24.09	0.7	0.9	1.3	2.2
泰國	23.29	1.3	2.1	2.3	2.1
馬來西亞	23.12	0.9	1.1	1.3	2.1
澳大利亞	21.58	3.3	2.5	2.9	1.9
印度	18.28	1.1	0.9	1.2	1.6
墨西哥	16.50	0.9	1.0	1.9	1.5
新西蘭	15.29	1.1	1.5	1.3	1.4
俄羅斯	13.70	—	—	0.9	1.2
越南	11.83	—	—	0.8	1.1
總計	927.69	—	—	83.2	83.3

數據來源：《2009國際統計年鑒》整理。

從表1-3中我們可以看出，食品出口方面，歐盟一直位居第一。統計數據顯示，2008年歐盟的食品出口額占世界食品出口總額的43.2%，接近45%。位居第二的是美國，從單個國家來看，美國是單個國家中食品出口額占世界食品出口總額最多的國家，1980年高達17.6%，之後雖然有所下降，但仍居單個國家中的首位，並且美國食品出口額所占比重是隨之其後的巴西食品出口額所占比重的2倍以上。而中國的食品出口貿易額位居第六，所占比重一直保持穩健的增長態勢，2008年占世界出口食品貿易總額的3.2%左右。

(二) 中國食品貿易的發展現狀

1. 中國食品出口特點

（1）出口結構。

圖1-3是2009年中國食品出口結構圖，從圖中我們可以看出，居於前兩位的水產品和蔬菜所占的比重分別是20%和15%。這兩大主體市場雖然比重較大，卻正面臨著全面下滑的危險。對於中國食品出口中位居第一的蔬菜，它的出口方向正是對於中國蔬菜需求量極大的日本，由於日本本身地理環境及土壤情況的特點，這個國家的蔬菜幾乎都是從中國進口的。位居第三的是水果，占總體比重的6%，而且出口的水果中以中國南方生產的水果為主，這些水果深受進口國消費者的喜愛。位居第四位的是肉及食用雜碎，以冷凍的方式出口的較多，出口占總體的比重為5%。

第一章　中歐食品貿易概述

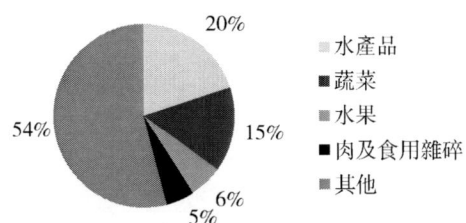

圖 1-3　2009 年中國食品出口結構

（2）地區分佈。

圖 1-4 是 2010 年中國食品出口國別分佈圖，從圖中可以看出，無論是從單個國家，還是從國家和地區總體來看，中國食品出口第一國都是日本。2010 年出口日本的食品占中國食品出口總量的 17.59%。中國的食品出口區域呈現集中化，繼日本之後就是東盟，占中國食品出口的 14.95% 左右，緊隨其後的是歐盟和美國。這前四位的國家和地區加在一起占中國出口食品總量的 57%，超過了一半，這個數字也正好說明中國食品出口呈現出口區域集中化趨勢。

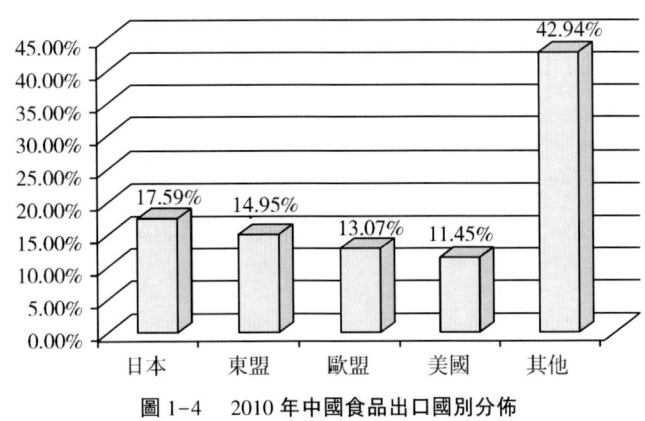

圖 1-4　2010 年中國食品出口國別分佈

（3）市場份額。

圖 1-5 以折線圖的方式展示了中國出口食品在世界市場的份額，總體呈現出上升趨勢。1980 年，中國出口食品僅占世界市場份額的 1.4%，之後穩步上升，2007 年達到 3.6%。由於金融危機的影響，2008 年略微下降為 3.2%，之後緩慢復甦，2009 年為 3.23%，2010 年為 3.26%。與之形成鮮明對比的是總體上呈現大幅度的下降趨勢曲線——中國的食品出口額占中國商品出口總額的比重變化情況。1980 年，食品出口占中國商品總出口的比重為 14.6%，之後則是大幅度的持續下滑，最低點為 2007 年的 2.52%。從 2008 年開始，該比例以緩慢的腳步上升，這是由於即使有金融危機的影響，全世界人民對食品的需求仍是首位的，從中國近三年的出口情況來看，金融危機對其他行業的影響遠大於對食品行業的影響，2008 年比例上升為 2.56%，2010 年進一步上升到 2.86%。

中歐食品貿易案例解析

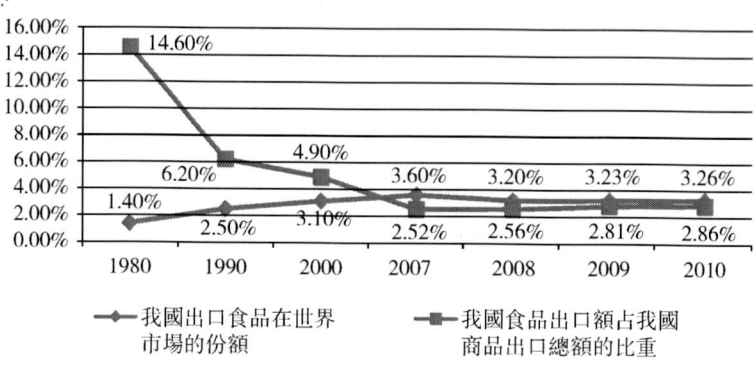

圖 1-5　中國食品出口份額

2. 中國對外食品貿易現狀

圖 1-6 為 2006—2010 年中國食品貿易差額情況，由圖我們可以看出，2006 年和 2007 年中國的食品貿易一直是保持著順差，即中國食品出口額大於進口額。圖中數據顯示，2006 年中國食品貿易順差額為 46.8 億美元，2007 年順差額為 16.7 億美元。然而，2008 年的全球性金融危機嚴重影響了全球的貿易情況，中國的食品貿易也難以獨善其身，食品出口在金融危機大背景下的減少，以及國內食品頻頻發生的安全事件對中國食品產業和中國食品形象在國內外消費者心中造成的影響，使得國內的消費者更傾向於購買高價的進口食品，這些原因共同導致了從 2008 年開始，中國食品貿易順差轉變為貿易逆差。在金融危機後的三年中，2010 年的食品貿易逆差最大，達到 147.2 億美元。2008 年和 2009 年中國食品貿易的逆差值分別為 131.6 億美元、94.7 億美元。

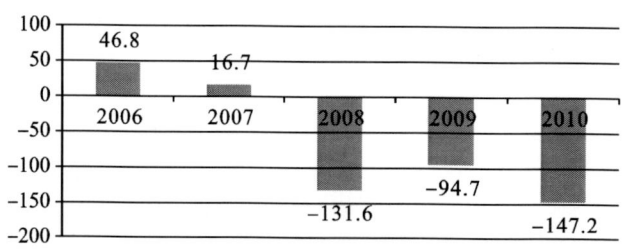

圖 1-6　2006—2010 年中國食品貿易差額情況（單位：億美元）

近幾年，中國食品改革的一個重要方面是改變食品出口結構，目前已取得了一定的成果，具體數據詳見表 1-4，圖 1-7 更加清晰地表明了中國 2005—2010 年的食品進出口走勢情況。

第一章　中歐食品貿易概述

表 1-4　　　　2005—2010 年中國食品進出口額　　　　單位：億美元

年份	進出口總額	出口額	進口額
2005	449.8	243.6	206.2
2006	470.6	266.6	204
2007	615.1	309.1	306
2008	865	366.4	498.6
2009	561.1	337.5	223.6
2010	1,050	451.4	598.6

數據來源：中華人民共和國海關總署網站。

由圖 1-7 我們可以清晰地看到，中國 2010 年食品進出口總額為 1,050 億美元，是 2005 年的 2.33 倍。對於進出口總額，除了 2009 年有所回落，總體上保持著強勁的增長態勢。而從中國食品出口額來看，除了 2009 年略微下降，整體是緩慢增長。也就是說，近年來，中國食品貿易額的增長主要得益於食品進口額的大幅度增加，國產食品的不安全使得國內消費者失去信心，轉而傾向於對進口食品的購買。縱觀 2005—2010 年占中國食品出口額前四名的主要出口國家及地區，2005—2008 年中國食品主要出口國家及地區分別是：日本、美國、韓國、中國香港，2009—2010 年主要是：日本、歐盟、東盟、美國。日本始終穩居中國食品出口方向的第一位，出口額即將突破 80 億美元，詳見表 1-5。

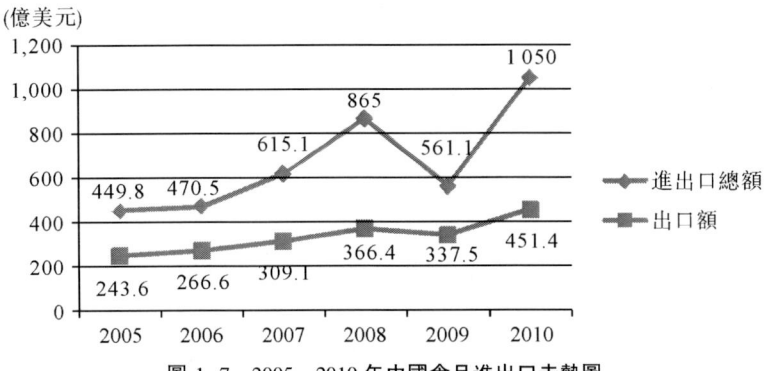

圖 1-7　2005—2010 年中國食品進出口走勢圖

表 1-5　　　　2005—2010 年中國食品出口主要國家及地區情況　　　　單位：億美元

年份	中國食品出口主要國家（地區）及出口額情況			
2005	日本（70.65）	韓國（25.05）	美國（23.89）	中國香港（23.87）
2006	日本（74.04）	美國（32.58）	韓國（24.75）	中國香港（23.86）
2007	日本（73.76）	美國（37.02）	韓國（30.36）	中國香港（27.15）
2008	日本（65.28）	美國（42.39）	中國香港（31.14）	韓國（22.97）
2009	日本（65.3）	歐盟（50）	東盟（46.5）	美國（42.2）
2010	日本（79.4）	東盟（67.5）	歐盟（59.0）	美國（51.7）

數據來源：中華人民共和國商務部網站。

中歐食品貿易案例解析

　　隨著中國食品出口占全球食品貿易的比重的增加，一些進口國為了保護本國的食品生產企業，利用多種措施對中國的食品出口進行限制，嚴重影響中國食品對外貿易的健康發展。2010 年中國主要的食品出口國是日本、歐盟、美國。

小結

　　通過本章的分析，我們可以看出，雖然在出口量和出口額方面歐盟並不是中國食品出口貿易的最大夥伴，但是有逐年增加的趨勢。而且，歐盟食品安全法規的建設也是非常完善和全面的，其食品安全保護水準在世界上公認為最高水準。因此，無論是為保障本國廣大消費者的利益還是為了擴大出口規模，瞭解歐盟關於食品安全的法律法規都具有重要意義。

第二章　歐盟食品安全法規概述

　　食品安全問題是國際社會普遍關注的重大問題。針對食品安全這一具體領域，國際社會高度重視運用法治思維進行治理。歐盟自2000年1月1日發布《食品安全白皮書》以來，經過不斷努力，已經具備了一套較為完善的食品安全法律體系，具有世界上公認的最高食品安全保護水準。歐盟食品安全法律體系強調全程監控、風險評估和長效追溯機制等食品安全制度的重要性。目前，歐盟有應對各種食品問題的具體規定，其食品安全立法幾乎貫穿了整個食品生產流通線。針對不同的食品種類，歐盟還設置了不同的市場准入機制以及檢驗標準。歐盟在食品立法方面擁有著寶貴的經驗，在確保對消費者健康高水準保護的同時，又向消費者提供了完整和透明的信息。自2002年歐盟食品安全局成立以來，歐盟食品安全的立法和監督體系不斷完善。尤其是2006年開始實施《歐盟食品及飼料安全管理法規》以來，政策調整、修正標準的力度不斷加大。中國作為歐盟食品來源國之一，每年輸歐食品金額達百億美元。瞭解和熟悉歐盟食品法規變動的最新動向及要求，及時採取相應對策，實屬必要。

　　歐盟是當今世界一體化程度最高的區域政治、經濟集團組織，其總部設在比利時首都布魯塞爾。歐盟原有15個成員國，分別為法國、德國、義大利、荷蘭、比利時、盧森堡、丹麥、愛爾蘭、英國、希臘、西班牙、葡萄牙、奧地利、芬蘭、瑞典。2004年5月1日後，歐盟東擴，新增10個成員國——波蘭、匈牙利、捷克、斯洛伐克、愛沙尼亞、拉脫維亞、立陶宛、斯洛文尼亞、馬耳他和塞浦路斯。歐盟擴大到25國後，面積達到400萬平方公里，人口增至4.5億，國內生產總值將超過10萬億

中歐食品貿易案例解析

美元。作為一個擁有世界上最廣闊地域與經濟發展水準最高的地區，食品安全在歐盟具有舉足輕重的地位。

但是，人類社會各個方面的發展都建立在不斷獲得的經驗，甚至是慘痛的教訓的基礎之上，同目前包括中國在內的大多數發展中國家正在經歷的食品安全變革一樣，歐盟的食品安全也經歷了一段非常艱苦的成長過程，其食品安全法律體系也是在不斷地完善和創新中。包括歐盟在內的許多發達國家在食品安全管理領域的根本性改革和目前取得的重大進展都源於20世紀90年代幾起慘痛的食品安全事件的觸動。歐共體自20世紀60年代成立之初，就制定了食品政策，以確保食品在各成員國之間自由流通。隨後，為了緩解戰爭造成的食物供給危機，歐共體又制定了共同農業政策，這個政策對促進歐洲農業發展、穩定農產品市場及保證歐洲食物供給做出了重要貢獻。但是，在較長時期內，共同農業政策的重心一直放在以大量價格補貼來促進農產品增長上，對於可能導致的食品安全危機的管理和預防投入嚴重不足。歐盟建立之初，食品安全領域的立法比較薄弱，僅在食品添加劑、食品標籤、特殊營養用途食品、食品接觸材料和官方控制等幾個方面有些零散的立法，由於這樣的法規體系不健全，而且在成員國間的協調性不夠，20世紀90年代，爆發了舉世震驚的二噁英、瘋牛病、摻假橄欖油等事件，對歐盟造成了慘重的損失。這一系列危機的爆發暴露了歐盟的舊食品法規在設計和應用上的缺陷，摧毀了公眾對其食品產業和國家機構確保食品安全能力的信任，對當事國政府及歐盟構成了嚴峻挑戰。為了使消費者恢復對食品安全的信心，歐盟不得不重新審視自己的食品安全體系，並開始了其徹底的改革之路，即制定了嚴格的食品安全政策，建立了完善的食品安全法規體系。

歐盟對食品質量安全控制有著自己的一套較為有效、嚴密的體系。一方面，歐盟制定了一系列有關食品的法律，涵蓋了食品安全方方面面的內容，十分繁雜、詳細。歐盟現有25個成員國，每個國家都有本國現行的關於食品安全的法律體系，其中的具體規定是很不相同的。另一方面，歐盟建立了適應市場經濟發展的國家技術標準體系，並達到了完善階段，在完善的技術標準體系下，標準已深入社會生活的各個層面，為法律法規提供技術支撐，成為市場准入、契約合同維護、貿易仲裁、合格評定、產品檢驗、質量體系認證等的基本依據。在當今全球化的市場中，歐洲標準已得到了世界的認同。因此，歐盟較完善的法律法規和標準體系使歐盟的食品安全管理取得了較好的效果。

近年來，歐盟不斷補充出抬相關食品法規，完善食品安全法律體系。主要涉及以下幾個方面：

（1）食品及飼料安全。歐盟2006年頒布了《歐盟食品及飼料安全管理法規》，以提高歐盟對食品及飼料的監督管理能力，為歐盟消費者提供更加安全的食品。這一法規簡化並加強了歐盟監管體系並賦予歐委會全新的管理手段，以保障歐盟實行更高的食品安全標準。新法賦予歐委會採取臨時強制性措施的權力，以保護人民健

第二章 歐盟食品安全法規概述

康、動物衛生及生存環境。該法案特別要求第三國輸歐食品必須符合歐盟相關標準。

（2）添加劑、調料及經放射線照射的食品安全。相關添加劑、調料必須符合歐盟標準，包括其所含的著色劑、增甜劑等添加劑。歐盟還建立了經放射線照射的食品目錄，並加強了對天然礦泉水構成成分的檢查。

（3）歐盟食品快速預警系統（RASSF）。該預警系統的建立為歐盟成員國提供了有效的交流途徑。任何一個成員國發現任何與食品及飼料安全有關的信息都可上報歐委會，歐委會在進行相關調查後，有權採取緊急措施，包括暫停該類食品進口。該系統定期（每週一期）發布預警及信息通報，將不符合歐盟標準的相關食品公布於世。預警範圍包括來自歐盟成員國及非歐盟國家的各類食品。

（4）針對非歐盟成員國的規定。歐盟聲明尊重在 WTO 框架下簽訂的《動植物衛生和檢疫措施協議》及《貿易技術壁壘協議》。但如果國際標準與歐盟標準相比不能提供高標準人類健康保證，則國際標準只作參考。非歐盟國家輸歐食品必須遵守歐盟頒布的相關法規。

歐盟較完善的法律體系內容涵蓋農產品的生產和食品加工。這一法律體系在過去的三十年間不斷的演進，反應出科學、社會、政治和經濟力量的共同作用，尤其是歐盟內部市場的建立對其影響很大。歐盟現有關於農產品（食品）質量安全方面的法律 20 多個，具體包括：《通用食品法》《食品衛生法》，動物飼料法規以及添加劑、調料、包裝和放射線食物的保存方法規範等。按照 178 號條例的基本要求，歐盟制定了一系列食品安全規範要求，並通常以指令或決議的形式在歐盟官方公報上發布。歐盟的標準體系分為兩層：上層為歐盟指令，下層為包含具體技術內容的可自願選擇的技術標準。目前，歐盟擁有技術標準 10 萬多個，其中 1/4 涉及農產品，制定農藥殘留限量標準 17,000 多項。歐盟的食品法規建立在歐共體協定的不同條款之上：第 95 條是有關內部市場的功能和完善措施的規定（作為消費者高標準健康保護的基礎）；第 152 條是有關獸醫和生理衛生領域內以保護公眾健康為主要目標的措施；第 153 條與消費者保護有關；而第 37 條則主要涉及農業方面的問題。採取的措施則是在依據法律的基礎上，由歐盟理事會和歐盟議會共同決定，或是由歐盟委員會提出提案，經由歐盟議會協商後做出決定。

歐盟委員會在 2000 年 1 月發表了《食品安全白皮書》。白皮書是歐盟和各成員國制定食品安全管理措施以及建立歐洲食品安全管理機構的核心指令，它奠定了歐盟食品安全體系實現高度統一的基礎。歐盟食品安全白皮書提出了完善歐盟「從農田到餐桌」一系列食品安全保證措施的改革計劃，內容包括食品安全原則、食品安全政策體系、歐盟食品安全專項管理機構、食品法規框架、食品管理體制、消費者與食品安全的國際合作等，並從 22 個方面〔包括首選措施、飼料、寄生物病、動物健康、動物福利、瘋牛病（BSE）、衛生、殘留物、食品添加劑和調味料、與食品有關的材料、新型食品、轉基因食品、輻射性食品、食療食品、食品補充物、強化食品、食品標籤、營養、種子、支持措施、第三方國家政策、國際關係〕提出了 84

中歐食品貿易案例解析

條保障食品安全的基礎措施。

同時，按照白皮書的決議，2002 年 1 月 28 日歐盟理事會和歐洲議會發布了 178/2002 號條例，並建立了歐洲食品安全管理局（EFSA）。178/2002 號條例旨在協調各成員國在食品立法、農業政策以及內部市場發展存在的不同政策目標，建立了食品和食品安全的通用定義，規定了食品安全法規的基本原則和要求，確立了處理與食品安全有直接或間接影響事務的一般程序，制定了歐盟食品安全的總體指導原則、方針和目標，為未來制定歐洲食品法提供法律基礎。歐盟 178/2002 號條例擴充了食品及食品安全涵蓋的範圍，其對「食品」的定義是：「任何物質或產品，經過整體的加工，或局部的加工或未加工，能夠作為或可能預期被人所攝取的產品。」所以，「食品」包括飲料、口膠糖和其他任何用來在食品生產、準備和處理中混合的物質（包括水），但不包括飼料、活動物、未收割的作物。不僅涉及食品，還包括各種對食品安全產生直接和間接影響的各種措施，適用於食品的製造、加工和分銷等各階段，但不適用於私人家庭使用或者家庭用於私人家庭消費而準備、控制和儲藏的食品。178/2002 號條例的目標有三個：一是維護人類的生命與健康，二是保護消費者權益（包括公平交易），三是促使食品自由流通。為實現此目標，178/2002 號條例主要突出了四項原則：風險評估原則、預警原則、保障消費者權益原則和透明原則。

一、歐盟食品安全法規概述

（一）歐盟食品安全法規簡介

歐盟食品法規的主要框架包括「一個路線圖，七部法規」。「一個路線圖」是指食品安全白皮書；「七部法規」是指在食品安全白皮書公布後制定的有關歐盟食品基本法、食品衛生法以及食品衛生的官方控制等一系列相關法規（具體內容如表 2-1 所示）。

1. 食品安全白皮書

歐盟食品安全白皮書長達 52 頁，包括執行摘要和 9 章的內容，用 116 項條款對食品安全問題進行了詳細闡述，制訂了一套連貫和透明的法規，提高了歐盟食品安全科學諮詢體系的能力。白皮書提出了一項根本改革，就是食品法以控制「從農田到餐桌」全過程為基礎，包括普通動物飼養、動物健康與保健、污染物和農藥殘留、新型食品、添加劑、香精、包裝、輻射、飼料生產、農場主和食品生產者的責任，以及各種農田控制措施等。同時，它要求各成員國機構加強工作，保證措施能可靠、合適地執行。

第二章　歐盟食品安全法規概述

2. 食品安全基本法（EC）178/2002 號條例

178/2002 號條例是 2002 年 1 月 28 日頒布的，該條例主要擬訂了食品法規的一般原則和要求、成立歐洲食品安全局（EFSA）和擬訂食品安全事務的程序，是歐盟的又一個重要法規。178/2002 號法令包含 5 章 65 項條款。範圍和定義部分主要闡述法令的目標和範圍，界定食品、食品法律、食品商業、飼料、風險、風險分析等 20 多個概念。一般食品法律部分主要規定食品法律的一般原則、透明原則、食品貿易的一般原則、食品法律的一般要求等。EFSA 部分詳述其自身的任務和使命、組織機構、操作規程、EFSA 的獨立性、透明性、保密性和交流性以及 EFSA 財政條款和 EFSA 其他條款等方面。EFSA 由管理委員會、行政主任、諮詢論壇、科學委員會和 8 個專門科學小組組成。快速預警系統、危機管理和緊急事件部分主要闡述了快速預警系統的建立和實施、緊急事件處理方式和危機管理程序。程序和最終條款主要規定委員會的職責、調節程序及一些補充條款。

3. 食品衛生條例（EC）852/2004 號條例

該條例規定了食品企業經營者確保食品衛生的通用規則，主要包括：①企業經營者承擔食品安全的主要責任；②從食品的初級生產開始確保食品生產、加工和分銷的整體安全；③全面推行危害分析和關鍵控制點（HACCP）；④建立微生物準則和溫度控制要求；⑤確保進口食品符合歐洲標準或與之等效的標準。

4. 動物源性食品特殊衛生規則（EC）853/2004 號條例

該條例規定了動物源性食品的衛生準則，其主要內容包括：①只能用飲用水對動物源性食品進行清洗；②食品生產加工設施必須在歐盟獲得批准和註冊；③動物源性食品必須加貼識別標示；④只允許從歐盟許可清單所列國家進口動物源性食品等。

5. 人類消費用動物源性食品官方控制組織的特殊規則（EC）854/2004 號條例

該條例規定了對動物源性食品實施官方控制的規則，其主要內容包括：①歐盟成員國官方機構實施食品控制的一般原則；②食品企業註冊的批准以及對違法行為的懲罰，如限制或禁止投放市場、限制或禁止進口等；③在附錄中分別規定對肉、雙殼軟體動物、水產品、原乳和乳製品的專用控制措施；④進口程序，如允許進口的第三國或企業清單。

6. 確保對食品飼料法以及動物衛生與動物福利法規遵循情況進行驗證的官方控制（EC）882/2004 號條例

882/2004 條例是一部側重對食品與飼料，動物健康與福利等法律實施監管的條例。它提出了官方監控的兩項基本任務，即預防、消除或減少通過直接方式或環境渠道等間接方式對人類與動物造成的安全風險；嚴格食品和飼料標示管理，保證食品與飼料貿易的公正，保護消費者利益。官方監管的核心工作是檢查成員國或第三國是否正確履行了歐盟食品與飼料法，動物健康與福利條例所要求的職責，確保對食品飼料法以及動物衛生與動物福利法規遵循情況進行核實。

7. 關於供人類消費的動物源性產品的生產、加工、銷售及引進的動物衛生法規 2002/99/EC 號指令

該指令要求各成員國 2005 年前轉換成本國法律。該指令提出了動物源性食品在生產、加工、銷售等環節中對動物健康條件的官方要求。指令中還包括了相關的獸醫證書要求、獸藥使用的官方控制要求、自第三國進口動物源性食品的衛生要求等。

8. 飼料衛生要求（EC）183/2005 號條例

許多食品問題始於被污染的飼料。為了確保飼料和食品的安全，歐盟的第 183/2005 條例對動物飼料的生產、運輸、存儲和處理做了規定。和食品生產商一樣，飼料商應確保投放市場的產品安全、可靠，而且負主要責任，如果違反歐盟法規，飼料生產商應支付損失成本，如產品退貨以及飼料的損壞。

表 2-1　　　　　　　　食品安全法律體系框架[①]

	法規和指令		基本內容
基本法	178/2002 號法規		食品安全的基本法律
動物營養	飼料標籤	指令 96/25/EC	建立了飼料的銷售和標籤，飼料只有在「可靠、純正、有品質保證」的情況下才能投放市場，不能對人類或動物健康以及環境造成任何危害
		指令 98/67/EC	對於 96/25/EC 附件中關於需要進行標籤識別的飼料清單進行修正和更新
	生產和進口商的要求	95/69/EC	列出了飼料生產者必須履行的條件。根據危害的可能性和使用物質的不同，生產者需要經過登記，有的需要通過現場檢查，以確定組織的條件是否符合本指令，這些條件包括：工具和設備、人員資質、生產過程和質量控制、原料的存儲和控制、產品的回收等
		98/51/EC	飼料進口商的要求
		98/728/EC	飼料生產和進口商管理機構的財政控制
		98/92/EC	
動物營養	不受歡迎的物質	2002/32/EC	「不受歡迎的物質」指的是存在於動物飼料中（致病菌除外），對於人類和動物健康、環境有負面影響，但是不影響牲畜生產的物質
		2003/57/EC	2002/32/EC 的修正
		2003/100/EC	
	分析方法	70/373/EEC	建立了飼料食品取樣和分析方法的基礎框架
	官方控制	95/53/EC	規定了管理動物營養官方機構的工作原則、職責要求
		98/68/EC	標準文件的控制以及從第三國家進口飼料產品的檢查要求

---

① Commission of the European communities, WHITE PAPER ON FOOD SAFETY, Brussels, 12 January 2000. COM (1999) 719 final.

第二章　歐盟食品安全法規概述

表2-1(續)

	法規和指令		基本內容
標籤和營養	健康和營養聲明	COM（2003）424	委員會 2003 年 7 月 16 日提議，對於食品相關的健康和營養聲明進行立法
	營養標籤	90/496/EC	基本的營養標籤控制
		2003/120/EC	90/496/EC 的修訂
	礦泉水	2003/40/EC	規定了天然礦物質水的濃度限制和標籤要求，以及使用富集臭氧的空氣處理天然礦物質水和泉水的要求
		96/70/EC	規定了天然礦物質水銷售和開採的要求
	食品增補劑	2002/46/EC	建立了關於食品增補劑標籤的協調規章，並建立了關於食品增補劑中的維生素和礦物質的特殊要求
	食療食品	89/398/EEC	規定了食療食品的成分、銷售和標籤要求，包括保證這些食品的正確使用和排除對人類健康危害的措施
		96/84/EC	
		1999/41/EC	
		2001/15/EC	可以加入食品中作為特殊營養使用的物質名單，其中規定了可以加入嬰幼兒食品和斷奶期幼兒食品的營養物質
	減肥食品	96/8/EC	用於能量控制或者減肥用食品的控制和標籤要求
		2001/15/EC	減肥食品的質量要求
標籤和營養	醫用食品	1999/21/EC	用於特殊醫療用途食品的組成和標籤要求
		2001/15/EC	用於特殊醫療用途食品的原料名單
	運動食品	89/398/EEC	運動員用食品的要求
	糖尿病人食品	89/398/EEC	糖尿病人用食品的要求
生物技術	GM 植物和種子	90/220/EEC	基因改良種子品種的授權
		2001/18/EC	90/220/EEC 的修正
新型食品		258/97 法規	規定了新型食品和新型食品成分的授權
		97/618/EC	準備將新型食品投放歐盟市場的公司必須提交申請，以及所需的科學信息和安全評估
化學品安全	食品添加劑	89/107/EEC	用於人類食用的食品添加劑的授權和使用
	殘留	法規 2377/90	為了保證對消費者最高水準的保護，共同體立法要求潛在殘留的毒性應當在物質得到授權之前進行評估，如果必要的話建立最高殘留限量（MRLs），同時如果必要的時候限制某些物質的使用。2377/90 法規建立了評估程序
	荷爾蒙	2003/74/EC	禁止荷爾蒙類物質用於牧場養殖中的生長促進劑
		2001/82/EC	獸醫藥用產品的市場授權要求

中歐食品貿易案例解析

表2-1（續）

法規和指令		基本內容
生物安全	BSE/TSE 法規 999/2001	建立關於 BSE 行動的法律基礎
	動物副產品 法規 1774/2002	非人類食用的動物副產品的要求，該法規是自從 2000 年採納的 TSE 法規以來，對於食品安全白皮書的第二項主要行動。是歐盟處理和根除食品源性疾病，例如 BSE、口蹄疫、豬瘟和二噁（雜）芑污染的重要戰略
	沙門氏菌/ 食媒疾病 法規 2160/2003 2003/99/EC	關於沙門氏菌和其他由於食品污染引起疾病的控制 對於動物寄生疾病的監控。修正理事會指令 90/424/EEC、廢除理事會指令 92/117/EEC

（二）歐盟食品安全法律的原則

1.「從農田到餐桌」全過程控制原則

食品安全法律應該覆蓋食品「從農田到餐桌」的食品鏈的所有方面，包括化肥、農藥、飼料的生產與使用；農產品的生產、加工、包裝、儲藏和運輸；與食品接觸工具或容器的衛生性；操作人員的健康與衛生要求；食品標籤提供信息的充分性和真實性以及消費者的正確使用等。由於涉及的面比較廣泛，食品安全法律體系非常龐大和複雜。但整個食品法律體系應該是統一併相互補充的。整個食品管理過程涉及中央和地方機構、衛生專家、學校和大學、生產者、包裝者、運輸者、零售商、消費者組織以及消費者自身，因此食品安全法律的實施需要多部門的共同努力和通力合作。

2. 危險性分析原則

食品安全法律應該是以科學性的危險分析為基礎的。危險分析是由三個相互關聯的因素，危險評估、危險管理、危險溝通構成。危險性評估是指食源性危害（包括化學的、生物的、物理的）對人體產生的已知的或潛在的對健康有不良作用可能性的科學評估。危險性評估由以下步驟組成：危害識別、危害特徵描述、攝入量評估、危險性特徵描述。危險性管理則是根據危險性評估的結果由管理者權衡可接受的、減少的或降低的危險性，並選擇和實施適當措施的管理過程。目前，各國廣泛推行的 HACCP 體系實現了危險的過程控制，預防危險發生。危險溝通包含兩層含義：一是有效的信息交流，二是管理過程的透明性。有效的信息交流有助於幫助消費者形成和增強食品安全意識和行為，促進公共和私有部門與眾多關心食品安全的利益相關者之間的聯繫和合作，並為中央和地方的管理者、食品企業、農民等提供所需的信息、教育和培訓。

3. 預防性原則

作為 1992 年《里約宣言》的原則之一，預防性原則最早使用是在環境保護方面。《里約宣言》這樣規定：「當面臨著嚴重或不可逆轉的破壞時，缺乏科學的確定性不能成為延遲使用有效的措施阻止環境惡化的理由。」預防原則在食品安全方面

第二章　歐盟食品安全法規概述

的使用，並未真正達成共識。國際食品法典委員會、歐盟及日本已經明確其作為食品安全規制的原則，而美國尚有異議，他們擔心這一原則會被濫用成一種非關稅貿易壁壘。預防性原則與風險原則有一定的聯繫。由於存在科學的不確定性，對於一些新產品和技術的安全性不能確定，因此食品安全法律應該有選擇性地採取預防原則，特別是轉基因食品和從未食用過的新型食品。預防原則適用於，當危險管理者確定了危及健康的合理依據，但支持的信息及數據不足以做出全面危險評估。在這類情形下，決策者或危險管理者可基於預防原則尋找更多詳細的專業及相關數據，以採取措施或行動來保證健康安全。但預防原則必須伴隨著進一步尋找科學的確定性，並在新證據的基礎上重新評價其安全性。同時，在法律上還應實行市場准入制度，要求所有新產品、項目和技術必須提供充分的證據證明其安全性後才能上市。

4. 食品供應者負主要責任原則

法律應規定食品生產者和加工者等應該對食品安全承擔最主要的責任。他們應該通過自檢和現代化的危害控制技術來保證食品的安全性，而當食品危害發生時，他們應承擔相應的法律責任。目前對食品安全產品責任的立法主要分為兩種：一是以美國、德國為代表的少數國家實行嚴格的責任原則；二是以日本、大部分歐盟成員國為代表的基於過錯的責任原則。在嚴格產品責任原則下，食品的生產者必須對食品的危害承擔完全的責任，除非現在的科學技術還不能證明產品的危害性存在；而在基於過錯的責任原則下，食品生產者對食品危害承擔責任是以生產者的過錯或過失為基礎的。

5. 透明性原則

透明性有三層含義：一是指消費者的知情權，即消費者有權獲得清晰的食品質量、構成成分、營養物質含量、營養物質功用以及如何合理均衡膳食等方面的信息，這樣消費者才能做出完全信息條件下的選擇；二是指法規的修訂與執行應在公開、透明、互動的方式下進行。消費者擁有獲得政府立法和管理的信息的權利，並能夠通過正規的渠道提出自己的意見；三是指當食品危害發生時，政府應及時向消費者發布警告信息。

6. 可追溯性和食品召回原則

可追溯性可有效地確保食品安全。信息可追溯性是指通過記錄的標記，對某個事物或某項活動的歷史情況、應用情況或事物所處的位置進行追溯的能力。食品的可追溯性是指食品和原料在商業中流通應保有它們的溯源，在需要的情況下，還可為有資格的機構提供溯源相關信息。國際標準化組織於2001年6月專門成立了工作小組，起草《食品和飼料鏈可追溯系統的設計與開發指南》，該標準旨在為如何建立可追溯系統提供指南和原則，不涉及詳細的要求，預計到2005年年底完成。按照《歐盟食品法》的規定，食品、飼料、供食品製造用的家畜，以及與食品、飼料製造相關的物品，在生產、加工、流通各個階段必須建立食品信息可追蹤系統。因此，法律應要求各個階段的主體標記所生產的產品，並記錄食品原料和配料的供應商信

息，以保證可以確認以上各種提供物的來源與方向。從而當食品被發現存在危害時，可以及時從市場召回，避免流入市場的缺陷食品對大眾的人身安全損害的發生或擴大。這可以通過食品標籤、電子標籤以及動物身分證等措施實現。

二、歐盟食品安全法規的實施

(一) 歐盟食品安全法規體系及相關機構

歐盟食品安全體系涉及食品安全法律法規和食品標準兩個方面的內容。歐共體指令是歐共體技術法規的一種主要表現形式。1985年前，歐共體的政策是通過發布歐共體的統一規定（即指令）來協調各國的不同規定，而歐共體指令涉及所有的細節問題，又要得到各成員國的一致同意，所以協調工作進展緩慢。為簡化並加快歐洲各國的協調過程，歐共體於1985年發布了《關於技術協調和標準化的新方法》（簡稱《新方法》），改變了以往的做法，只有涉及產品安全、工作安全、人體健康、消費者權益保護的內容時才制定相關的指令。指令中只寫出基本要求，具體要求由技術標準規定，這樣，就形成了上層為歐共體指令，下層為包含具體要求內容、廠商可自願選擇的技術標準組成的2層結構的歐共體指令和技術標準體系。該體系有效地消除了歐共體內部市場的貿易障礙，但歐共體同時規定，屬於指令範圍內的產品必須滿足指令的要求才能在歐共體市場銷售，達不到要求的產品不許流通。這一規定對歐共體以外的國家，常常增加了貿易障礙。

上述體系中，與歐共體新方法指令相互聯繫，依照新方法指令規定的具體要求制定的標準稱為協調標準，CEN、CENELEC 和 ETSI 均為協調標準的制定組織。協調標準被給予與其他歐洲標準統一的標準編號。因此，從標準編號等表面特徵看，協調標準與歐洲標準中的其他標準沒有區別，沒有被單獨列為一類，均為自願執行的歐洲標準。但協調標準的特殊之處在於，凡是符合協調標準要求的產品可被視為符合歐共體技術法規的基本要求，從而可以在歐共體市場內自由流通。

1. 歐盟食品安全法規機構設置

(1) 歐盟食品安全局。

歐盟食品安全局於2002年成立。其職能是在歐盟範圍內制定科學的食品法規，從根本上保證食品政策的正確性及可實施性。該局相對獨立，不受歐盟委員會及各成員國管轄，負責對輸歐食品的安全性進行監控、跟蹤和分析並提供科學的建議。該機構的建立完善了歐盟的食品安全監控體系，為歐盟對內逐漸統一各種食品安全標準，對外逐步標準化各項管理制度提供了科學依據。

(2) 歐盟食品和獸醫辦公室。

該機構歸歐盟委員會管轄，負責監督各成員國執行歐盟相關法規情況及第三國

第二章　歐盟食品安全法規概述

輸歐食品安全情況，是歐委會的執行機構。該辦公室可用聽證會和現場調查的方式對成員國及第三國相關產品甚至整體法規和管理體系進行調查，並將結果和意見報告給歐委會、各成員國及公眾。該機構主要職責正在從單一的調查管理轉向對成員國食品安全體系做全面的評估。

2. 歐洲食品安全法律法規的制定機構

歐盟委員會和歐共體理事會是歐盟有關食品安全衛生的政府立法構構。其對於食品安全控制方面的職權分得十分明確。

歐盟委員會負責起草與制定與食品質量安全相應的法律法規，如有關食品化學污染和殘留的32002R221-委員會法規 No221/2002；食品安全衛生標準，如體現歐盟食品最高標準的《歐共體食品安全白皮書》；各項委員會指令，如關於農藥殘留立法相關的委員會指令2002/63/EC 和 2000/24/EC。而歐共體理事會同樣也負責制定食品衛生規範要求，在歐盟的官方公報上以歐盟指令或決議的形式發布，如有關食品衛生的理事會指令93/43/EEC。以上2個部門在控制食品鏈的安全方面只負責立法，而不介入具體的執行工作。

3. 歐洲食品標準的制定機構

歐洲標準（EN）和歐共體各成員國國家標準是歐共體標準體系中的兩級標準，其中歐洲標準是歐共體各成員國統一使用的區域級標準，對貿易有重要的作用。歐洲標準由三個歐洲標準化組織制定，分別是歐洲標準化委員會（CEN）、歐洲電工標準化委員會（CENELEC）、歐洲電信標準協會（ETSI）。這3個組織都是被歐洲委員會（European Commission）按照83/189/EEC 指令正式認可的標準化組織，他們分別負責不同領域的標準化工作。CENELEC 負責制定電工、電子方面的標準；ETSI 負責制定電信方面的標準；而 CEN 負責制定除 CENELEC 和 ETSI 負責領域外所有領域的標準。

4. CEN 的食品標準化概況

自1998年以來，CEN 致力於食品領域的分析方法，為工業、消費者和歐洲法規制定者提供了有價值的經驗。新的歐洲法規為 CEN 提供了更多的支持，CEN 致力於跟蹤和實施這些改革方針。截止到2002年12月底，CEN 已經制定歐洲標準7,650個，協調文件4個，暫行標準395個。

CEN 的技術委員會（CEN/TC）具體負責標準的制、修訂工作，各技術委員會的秘書處工作由 CEN 各成員國分別承擔。截至2002年年底，CEN 共設有239個技術委員會。此外，作為一種新推出的形式，CEN 研討會提供了在標準一致的基礎上制定相關規範的新環境，如 CEN 研討會協議、暫行標準、指南或其他資料。到目前為止，CEN 已經發布了260多個歐洲食品標準，主要用於取樣和分析方法，這些標準由7個技術委員會制定，與果蔬安全有關的技術委員會有：TC174（水果和蔬菜汁-分析方法）、TC194（與食品接觸的器具）、TC275（食品分析-協調方法）、TC307（含油種子、蔬菜及動物脂肪和油以及其副產品的取樣和分析方法）。

中歐食品貿易案例解析

CEN 與 ISO 有密切的合作關係，於 1991 年簽訂了維也納協議。維也納協議是 ISO 和 CEN 間的技術合作協議，主要內容是 CEN 採用 ISO 標準（當某一領域的國際標準存在時，CEN 即將其直接採用為歐洲標準），ISO 參與 CEN 的草案階段工作（如果某一領域還沒有國際標準，則 CEN 先向 ISO 提出制定標準的計劃）等。CEN 的目的是盡可能使歐洲標準成為國際標準，以使歐洲標準有更廣闊的市場。目前，有 40%的 CEN 標準也是 ISO 標準。

（三）歐盟食品安全組織結構

歐盟食品安全管理機構如圖 2-1 所示。

1. 歐洲議會（European Parliament）

歐洲議會是歐盟的立法、預算、監督和諮詢機構，代表各成員國人民的意願，議會成員由選民直接選舉產生，任期 5 年。歐洲議會的主要權利為：部分立法權；預算決定權，與歐盟委員會一起決定歐盟的年度預算；民主監督權等。

2. 歐洲理事會（European Council）

歐洲理事會最高決策機構，也稱為「歐盟首腦會議」「歐盟高峰會」或「歐洲高峰會」，是由歐盟 28 個成員國的「國家元首」或「政府首腦」與歐洲理事會主席及歐盟委員會主席共同參加的首腦會議，歐盟外交與安全政策高級代表也參與歐洲理事會活動，主要職責是商定歐盟發展方向的重大問題，它是歐盟事實上的「最高決策機構」，歐洲理事會無立法權。

3. 歐盟理事會（Council of the European Union）

歐盟理事會俗稱「歐盟部長理事會」，由歐盟各成員國部長組成，又稱「部長理事會」，簡稱「理事會」（the Council），是歐盟的重要決策機構。歐盟理事會負責日常決策並擁有歐盟立法權。

4. 歐盟委員會（European Commission）

這是歐盟的常設執行機構，也是歐盟唯一有權起草法令的機構（除條約規定的特殊情況外）。根據《里斯本條約》從 2014 年起，歐盟委員會的委員人數從 29 名減至 18 名。歐委會主席人選由歐洲理事會一致同意提出，經歐洲議會表決批准。歐委會成員由歐洲理事會指定並經委員會主席同意，再經歐洲議會表決並批准授權後才可就職。歐委會的具體工作由總司承擔。

（1）健康與消費者保護總司（DG SANCO）

DG SANCO 是歐洲委員會負責食品安全管理工作的直屬機構。250 位職員在布魯塞爾工作，使歐盟食品安全方面的法律及時更新。

該機構的主要職責包括：「從農場到餐桌」食品鏈全過程的管理；生物和化學風險的管理；殘留、食品飼料添加劑、接觸材料；植物健康和植物保護產品；動物健康和福利、動物飼料安全；食品標籤；成員國和第三國食品法規的檢查和監控；

第二章　歐盟食品安全法規概述

快速預警系統和風險管理以及代表歐盟履行國際衛生和食品安全事務等。

（2）食品獸醫辦公室（FVO）。

食品獸醫辦公室（FVO）隸屬於 DG SANCO，總部設在愛爾蘭都柏林，設 6 個科，由檢查員參加現場核查任務。FVO 的主要職責是監控成員國和第三國是否遵守歐盟的獸醫、植物衛生和食品衛生法律，通過檢查確定整個生產鏈是否符合歐盟食品安全和衛生立法，向利益相關者通報評估的結果，進而提高食品安全和質量，從而對獸醫和植物健康部門起到監控的作用。FVO 的核查範圍包括：檢查成員國動物源性食品的監控系統，化學品使用（獸藥、生長激素、農藥）和進口產品；流行病（如豬瘟）；動物運輸、屠宰等；水果和蔬菜的農藥殘留，GMO 等。

5. 歐洲食品安全局（European Food Safety Authority，EFSA）

歐盟食品安全局是一個獨立的法定機構，不隸屬歐盟的任何其他機構，行政主任只對管理委員會負責。作為獨立法人實體，它由歐共體全額資助，運作獨立於歐盟各部門以及各成員國管理當局。歐盟成員國和應用歐盟食品安全法的其他國家都可以加入。現有員工 150 餘人，其中 50 人在總部義大利帕爾馬工作。歐盟食品安全局不具備制定規章制度的權限，但負責監視整個食物鏈，根據科學證據做出風險評估，為歐盟制定法規提供信息依據。

6. 歐盟食物鏈和動物健康常務委員會

歐盟食物鏈和動物健康常務委員會的主要任務是幫助歐委會制定食品安全措施。

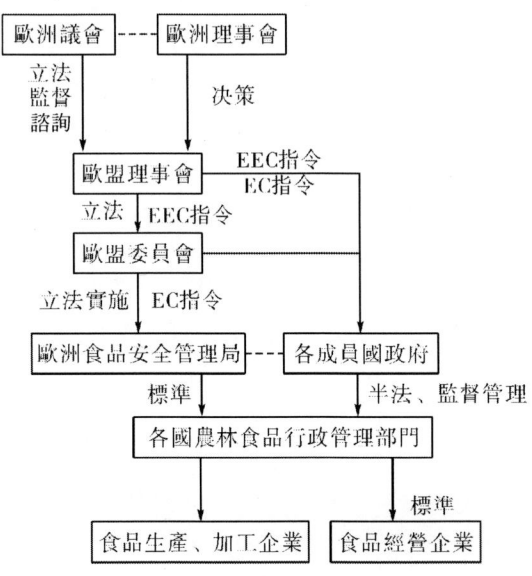

圖 2-1　歐盟食品安全管理機構

(四) 歐盟果蔬食品安全標準體系及特點

歐盟已經建立了一套比較完善的技術法規和標準體系，該體系以深入食品生產全過程的法律法規為主，輔之以嚴密的食品標準，具有強制性、實用性和修訂及時的特點。歐盟委員會制定的有關果蔬食品安全方面的法規數量較多，貫穿於整個標準體系的每一個部分，由於技術法規具有立法性，在保證產品的安全性及環保要求方面具有強制性和權威性，因此技術法規是對企業行為起到指引作用的一個主要的法律規範。歐盟技術標準是為了通用或反覆使用。儘管從理論上講，技術標準本身不具備強制執行的性質，但一旦與技術法規相配套而成為市場准入的必備條件後，其強制性質也就不言而喻了。另外，根據體系統計表的發布年代分析，歐盟現行的果蔬標準絕大部分是20世紀90年代以後制定和修訂的，其中修訂的標準是歐盟根據果蔬食品安全要求的提高，對原標準做出部分修改，所以原標準中未修改的部分仍有效，應保留。

整個體系的標準總數共128個，其中技術法規包括強制執行的果蔬食品衛生標準、果蔬食品試驗、檢驗、檢疫方法標準、果蔬食品安全控制與管理技術標準、果蔬食品包裝標籤、標示標準、特定食品產品標準和其他標準6個部分的內容，共48個，占整個體系標準總數的37.5%。技術標準包括果蔬食品理化檢驗方法標準、與食品接觸材料衛生檢驗方法標準和食品加工機械衛生安全標準三個部分，共80個，占整個體系標準總數的62.5%，略高於技術法規的數量。

第一個部分是涉及果蔬食品衛生方面的標準，主要是果蔬食品中農藥殘留、微生物、生物毒素、添加劑、有害金屬、非金屬及化合物幾個方面的有毒有害物質的限量標準和與食品接觸材料的衛生標準，共25個，占整個體系標準總數的19.5%，這部分均為技術法規，可見歐盟對果蔬食品衛生安全方面的重視。其中，果蔬食品中農藥殘留限量標準12個，它是技術法規中數目較多的部分，占整個體系標準總數的9.4%，法規中農藥、殺蟲劑殘留限量規定十分詳盡，收錄了大約40種果蔬中的78種農藥的殘留限量要求。食品添加劑使用要求標準5個，與食品接觸材料衛生標準7個，果蔬食品中有害金屬、非金屬及化合物限量標準1個，它規定了食品中某些污染物的最大限量。

第二個部分是果蔬食品、試驗、檢驗、檢疫方法標準，包括微生物檢驗方法、理化檢驗方法、毒理學評價方法和食物中毒診斷的標準等共77個，是6個部分中標準數量最多的部分，占整個體系標準總數的60.2%。這一部分技術標準居多，理化檢驗方法標準59個且均為技術標準，是該體系中技術標準數目最多的部分，占整個體系標準總數的46.1%，其中果汁和蔬菜汁理化測定方法較全，共32個占整個體系標準總數的25%，農殘檢測方法3個，黃曲霉素測定方法（EN12955-1999）1個，有害金屬、非金屬及化合物測定方法12個，與食品接觸材料衛生檢驗方法標準18

第二章 歐盟食品安全法規概述

個，占整個體系標準總數的 14.1%，其中技術法規 3 個，技術標準 15 個。突出反應了歐盟對果蔬食品中有毒有害物質和與食品接觸的材料不僅制定了強制性的法規，而且提供了相應的檢測方法。

第三個部分是果蔬食品安全控制與管理技術標準，共 4 個，且均為加工和銷售方面的技術法規，可見歐盟十分重視對食品加工過程和銷售過程的要求。

第四個部分是果蔬食品包裝標籤、標示標準，不包括包裝產品標準，它是技術法規中數目最多的部分，共 13 個，且均為法規，占整個體系標準總數的 10.2%，表明歐盟注重食品標籤部分的法規制定，這部分內容對維護消費者利益方面十分重要。

第五個部分的特定食品產品標準中只有特殊膳食品法規 1 個，為 89/389/EEC，是歐盟關於統一各成員國有關特殊營養用途食品法律的理事會指令。

第六個部分是上述 5 個部分中未包括的其他食品安全標準，共 8 個，其中 93/43/EEC 是有關食品衛生的理事會指令；2001/449/EC 是關於制定水果、蔬菜加工產品有關理事會指令，屬技術法規；其餘 6 個均是食品加工機械的安全和衛生要求，屬技術標準，突出顯示了歐盟對食品加工機械衛生要求的重視。

（五）歐盟果蔬食品安全標準化動態與趨勢分析

在過去的 27 年裡，歐盟各國均採用本國國家層面批准的規定，影響了歐盟範圍內的食品安全流通。2002 年歐盟食品安全局的建立，進一步明確了歐盟委員會將要在整個歐盟實施的食品安全法規的指導原則和目標，意味著歐盟從 1997 年開始醞釀的加強歐盟食品安全法的活動有了新結果，也標誌著歐盟食品安全法的立法和監督體系將進入一個大量增加立法的新時期。為保護消費者利益，歐盟將進一步制定一個統一的框架規定，並且更加注重對食品安全和衛生方面的要求。

由於農藥和殺蟲劑的使用管理缺乏協調，2004 年年底歐盟委員會通過了一項在歐盟範圍內對植物源和動物源產品中的農藥殘留允許最高含量的統一化的建議，該建議使得現行的規定趨於一致和簡便化了。在指令草案生效的過程中，對農藥全部的最高含量在短暫的「啟動期」後將得到統一，並且今後只能在歐洲的層面上加以確定。同年年底，歐洲議會和歐盟理事會通過了歐盟關於統一限定動植物產品中殺蟲劑最高殘留量的修改法規。新法規中增加的主要內容之一是對同類殺蟲劑使用累積殘留做出了明確規定，即不但要求對某一種殺蟲劑殘留進行限量，而且要對同一產品中同類殺蟲劑的殘留進行累積限量。新法規不但可以加強在該領域的統一管理，也將促進歐盟範圍內的食品流通。

為保證消費者買到放心食品，歐盟還改進了一些食品的標籤內容，使之更加全面。消費者從標籤上便可對所購食品的來源及加工過程一目了然。如 2002 年開始執行的牛肉標籤新規定，就要求包括牛的出生地、育肥地、個體號（表明肉類產品與家畜個體間的聯繫）、屠宰地和分割地等情況。在食品添加劑的使用上，歐盟也正

中歐食品貿易案例解析

在醞釀修訂新規則，以降低硝酸鹽和亞硝酸鹽的含量，減少肉類食品中的致癌物。歐盟科技人員經過長期跟蹤研究，正在醞釀統一限定食品中的多環芳香烴含量，以減少食物中的致癌因素，改變目前成員國各自為政的局面。此外，用於食品凝膠成形的添加劑也將在歐盟內進一步受到限制。目前，歐洲食品安全局下屬的營養產品、營養及致敏科學組通過一項規定，要求必須在食品標籤上列明該食品所含各類致敏物。

歐盟近年在食品安全方面的措施更是無所不包。歐盟食品安全局成立時間雖不長，但已成為歐盟內最有實力的機構之一。歐盟最新出抬的6類規定，對食品生產廠家的生產、投放市場的衛生條件、廠庫設備條件、工作人員的健康及著裝、食品加工與包裝、保鮮與運輸及產品衛生的監控等各個環節，都提出了十分嚴格的要求。綜上所述，歐盟近幾年將進一步統一規定，加強食品衛生安全管理。

● 三、歐盟最新食品安全法規

（一）歐盟法規概述

1. 條約

基於歐盟憲法性條約的規定和歐共體法院的判例法，歐盟對外締結國際條約。歐盟與第三國締結的國際協定直接構成歐盟法的一部分，不需要任何轉化程序，對歐盟機構和成員國均有約束力；在歐盟法律淵源的等級體系中，國際協定介於憲法性條約與歐盟自主立法之間。

2. 歐盟自主性立法

歐盟機構依據歐盟憲法性條約的授權，為實施憲法性條約的目的，按照憲法性條約所規定的決策程序獨立制定各項法律，其形式包括法規、指令、決定等。

3. 法規（regulation）

由理事會和議會聯合批准或者由委員會單獨批准。根據《歐盟運行條約》第288條的規定，條例具有普遍適用性，完全直接地適用於所有成員國。「普遍適用性」是指法規適用於歐盟所有成員及所有公民，該特徵使法規與另一種立法文件——決議相區別；「直接使用性」指法規一經制定，則成為各成員國法律的一部分，不需要也不允許各成員國立法機構轉化為國內法，這一特徵是法規與另一種立法文件——指令相區別的標志。

4. 指令（directive）

由理事會和議會聯合批准或者由委員會單獨批准。根據《歐盟運行條約》第288條的規定，指令只對其所發至的成員國具有約束力，並且僅要求接受國達到規定的目標即可，這些成員的國家機關對於實現目標的方式和方法具有選擇權。指令

第二章　歐盟食品安全法規概述

不具有直接適用性，需要成員國將其轉化為國內法律。每個指令均會規定成員國採納的最後期限。

4. 決議（decision）

是由理事會與議會共同批准或者由理事會、委員會單獨批准的對特定對象具有直接全面約束力的一類法律文件。根據歐共體條約第 249 條的規定，它對規定的接受者具有直接拘束力，它的發出對象可以是成員國，也可以是自然人或法人。

6. 建議（recommendation）和意見（opinion）

僅是歐盟委員會或理事會就某個問題提出的看法，僅作為歐盟立法趨勢和政策導向，供成員國參考，不具有法律強制力。

7. 歐盟法規的特點

歐盟法規制定後一般都在《歐盟官方公報》上發布，無約定生效期的一般在公布後 20 日生效。歐盟一般每個工作日都出抬至少一期《歐盟官方公報》，一般每一期的公報上都可能會登載歐盟新制定發布的法規，所以歐盟法規眾多，應對起來確實不易。《歐盟官方公報》電子版可檢索到 1952 年出版發布的期刊。

一般地講，之前的歐盟法規體系中指令多、法規少，但近來法規越來越多、指令越來越少，這也說明歐盟一體會進程加快，歐盟法規執行的統一性、高效性不斷提高。

歐盟食品安全法規體系，涵蓋食品從種養殖操作規範、動植物疫病控制、動物福利保護、加工衛生控制、殘留物和污染物控制、微生物監控、動植物疫病監測以及食品證書控制等各環節，法規體系較為完善。

（二）歐盟食品加工衛生法規概述

1. 歐盟 852/2004 法規：關於食品衛生（包括動植物源性食品）的法規

該法規明確了政府、食品企業與主管部門的關係，即政府負責制定食品安全的法律法規和標準，食品企業按照法律法規和標準的要求進行生產、加工、運輸、儲運、銷售等營運活動，主管部門負責監督食品企業是否按照法律法規和標準的要求進行生產、加工、運輸、儲運、銷售等營運活動。

（1）食品營運商要確保在生產、加工和銷售的所有階段，食品都滿足所規定的相關衛生要求。

（2）食品企業要建立、實施、運行 HACCP 程序。

（3）營運企業要按照法律法規和標準的要求對生產、加工、運輸、儲運、銷售等營運活動進行控制，企業要獲得主管部門的登記註冊。

（4）規定了食品企業的一般衛生要求：包括食品建築物（規劃、設計、建設、選址、排水、洗手、通風、衛生間、車間照明、更衣設施、清潔劑、消毒劑）；設施設備、處理加工衛生要求；運輸要求；食品廢料；水供應；內外包裝規定；熱處

理；培訓等。

2. 歐盟 210/2013 法規：規定了根據 852/2004 法規批准豆芽菜生產廠的衛生要求。

（1）設計和佈局：應符合良好衛生操作要求。食品接觸面應完好，易清洗，易消毒。

（2）充足設施：對工作用具和設備進行清洗、消毒和存儲，能提供充足的冷熱水。

（3）應提供充足的設備：清洗食物的每一水槽應有充足的飲用水，且應保持乾淨，必要時，應進行消毒。

（4）與種子和豆芽菜接觸的所有設備：應由特定材料鑄造，且保持良好秩序、維修和良好狀態，確保設備乾淨，易消毒。

（5）豆芽菜生產廠應制定操作規程，確保：（a）豆芽菜生產廠衛生，必要時，進行消毒；（b）對種子和豆芽菜接觸的所有設備，進行清洗、消毒。

3. 歐盟 853/2004 法規：對動物源產品的衛生規定（包括肉類、貝類、水產品、奶製品、其他）

（1）動物源性食品要確保其可追溯性，保證食品能從成品追溯到所用的原料、輔料。

（2）動物源性食品總要求：

A、食品要有明確的身分標示；

B、食品企業要建立運行 HACCP 計劃；

C、特殊要求：動物運輸到屠宰場的過程中，要保障待宰動物的福利要求；

D、屠宰前：動物屠宰前要使動物得到充分的休息，要保障動物福利。

（3）動物源性食品企業要符合 852/2004、853/2004 法規規定的條件，獲得主管當局的註冊、認可。

（4）動物屠宰與分割操作要滿足規定的衛生要求。包括：嚴格執行衛生操作，避免交叉污染；嚴格對溫度、環境、人員衛生操作扡更要求；由官方獸醫服飾實施宰前檢驗。

4. 歐盟 854/2004 法規：對供人類消費的動源性產品進行官方控制的規定

（1）明確了主管當局對動物源性食品生產企業在生產加工食品過程中的官方監管的內容。

（2）對從第三國進口動物源性食品的監管：首先第三國和（或）部分地區的食品安全管理體系要獲得歐盟的許可；其次，第三國和（或）部分地區的主管當局批准註冊的企業由第三國中央當局按照歐盟法規要求推薦到歐盟，歐盟 FVO 審核後獲得歐盟批准註冊。

（3）獲得歐盟批准註冊的第三國和（或）部分地區的動物源性食品企業名單獲得歐盟註冊後，在歐盟官方網站上登錄。

28

第二章　歐盟食品安全法規概述

（4）規定了對屠宰企業實施宰前宰後檢驗的「官方獸醫」「輔助官員」的職責、資格與考試要求。其具體包括執行宰前檢驗、宰後檢驗、實驗室檢測、加蓋衛生標示等。

（5）對家禽和兔類動物肉類生產企業：宰後檢驗不必為官方獸醫執行和實施，可以是官方獸醫助手或經過培訓的企業獸醫。

（6）規定了雙殼貝類產品的衛生要求：將養殖捕撈海域分為生產區（A 類區——直接食用，B 類區——需要經過淨化或暫養，C 類區——長時間暫養，並且要達到一定的規定條件）、暫養區分級。同時要對生產區、暫養區按照規定好的頻率進行監控。

（7）水產品：規定了對水產品生產船只、陸地加工廠、卸貨區域等實施官方控制的要求。要對水產品實施感官檢驗，要對水產品鮮度指標、組胺、微生物、殘留物和污染物、寄生蟲等進行監控檢驗。

（8）原奶和奶製品：原奶和奶製品加工廠要接受官方檢查。對原奶收購要控制：通過檢查細菌總數、體細胞數量，控制原奶質量。

5. 歐盟 2074/2005 法規：對 852/2004 法規制定豁免措施，修訂 853/2004、854/2004 法規

6. 歐盟 2075/2005 法規：對肉中旋毛蟲官方監控的特殊規定

規定了對檢測旋毛蟲的檢測方法、檢測人員資質、培訓、肉品留廠、無旋毛蟲檢測程序等要求。

7. 歐盟 2076/2005 法規：實施 853/2004、854/2004、882/2004 過渡安排及修訂 853/2004 和 854/2004

8. 歐盟 1244/2007 法規：補充 2074/2005 法規，制定對肉品檢驗官方控制特殊規則

（1）對不連續屠宰企業的宰後檢驗：

企業須有充分的倉儲設施，對被懷疑的肉品可以暫存在特定存儲庫等待官方獸醫檢驗；官方獸醫至少每天在企業檢驗 1 次；官方部門要定期評估官方獸醫助手的工作。對這樣的不連續屠宰企業的宰後檢驗，可完全由官方獸醫助手執行。

（2）宰後檢驗不切開，感觀檢查（牛羊、豬）：

動物是一體化養殖，官方定期對動物進行血清學或微生物學檢測，結果應呈陰性。對這樣的動物，屠宰後可不切開內臟實施宰後檢驗，而僅通過感官檢驗來完成。

（3）一體化生產系統條件：

養殖過程中，飼料統一提供，養殖動物全進全出，養殖場封閉、員工封閉。

9. 歐盟 98/83 指令：擬用於人類消費的水的質量

（1）設定了水的質量參數，各成員國可根據本指令設定不低於本指令要求的參數。

（2）各成員國應建立監測制度，對水質進行定期檢測；抽取應代表全年的水的

質量的水樣。

（3）對水質檢測應有最低的檢測頻率。

（4）分析水質檢測的實驗室應建立有效的質量保證體系，並可隨時接受官方檢查。

（三）歐盟藥物殘留監控法規概述

1. 殘留物監控管理

（1）歐盟96/22/EC指令：禁止在畜牧業使用某些具有激素或甲狀腺拮抗作用和β-受體激動劑的物質。

禁止銷售反二苯代乙烯及其衍生物、鹽和酯以及甲狀腺類物質。

禁止銷售：在供人類食用動物使用B-促生長素、甲狀腺素、雌激素、雄激素或孕激素；對使用了這些藥物的動物禁止銷售。

禁止銷售已使用上述藥物的肉品、水產品以及其加工製成品。

（2）歐盟96/23/EC指令：關於某些物質及其在動物體內和動物製品中殘留的監控措施。

國家要建立動物源性食品中的殘留物監控計劃：每年3月31日向歐盟提交下年度監控計劃和上年度的殘留物監控報告。

動物源性食品經營者的義務：要按照藥物要求使用藥物。

官方監管部門的職責：①對藥品的生產、儲存、運輸、分銷、使用進行檢查；②對飼料生產和分銷進行檢查；③檢查不預先通知；④懷疑非法使用藥物時，對飼養場進行檢查，養殖場和獸醫應給予協助；⑤抽樣養殖場所用飼料、飲用水、動物。

國家應建立殘留物監控基準實驗室和日常檢測實驗室。

對殘留物實施監控的物質分類：A具有合成作用或違禁物質，B許可獸藥和環境污染物。

監控不同物質要對不同動物實施不同監控。抽樣可以覆蓋養殖場、屠宰場、奶牛場、水產加工廠、蛋廠等。

抽樣數量和頻率：對A類物質實施抽樣監控時，要根據不同動物品種，根據上年的屠宰量，按養殖場、屠宰場分別設定需要抽樣的比例。對B類物質中的每一組藥物，按屠宰場分別設定抽取樣品的數量進行取樣。

2. 取樣與分析控制

（1）歐盟97/747決議：規定了部分動物源性產品中某些物質和殘留監控的取樣水準和頻率，規定了奶、蛋、兔肉及野味肉、人工飼養野味肉及蜂蜜等產品中殘留物質和殘留監控的取樣水準和頻率。

（2）歐盟98/179決議：規定了活動物和產品殘留物官方取樣細則，規定了官方取樣程序及官方樣品送樣前處理的規定。

第二章　歐盟食品安全法規概述

（3）歐盟 2002/63 決議：規定了動、植物源性產品農藥殘留官方控制的取樣方法，規定了水果、蔬菜及動物源性產品農藥殘留限量取樣方法。

（4）歐盟 401/2006 決議：規定了食品中真菌毒素水準取樣和分析方法，包括附件 1 抽樣方法和附件 2 樣品制備和分析方法。

（5）歐盟 1882/2006 法規：規定了食品中亞硝酸鹽水準取樣和分析方法，包括取樣、樣品處理和分析方法、實驗室控制要求。

（6）歐盟 33/2007 法規：規定了食品鉛、鎘、汞、無機錫、3-MCPD、苯並（a）芘取樣和分析方法。

（7）歐盟 252/2012 法規：規定了食品中二噁英、類二噁英多氯聯苯和非二噁英類多氯聯苯含量官方採樣和分析方法，廢除法規 1883/2006（食品二噁英和多氯聯苯取樣、分析方法），包括二噁英、類二噁英多氯聯苯採樣，二噁英、類二噁英多氯聯苯樣品制備和分析方法要求，非二噁英類多氯聯苯樣品制備及分析方法要求。

（8）歐盟 2006/794 決議：規定了食品中二噁英、二噁英類多氯聯苯和非二噁英類多氯聯苯含量的監控要求。

（9）歐盟 901/2009 決議：規定了調整 2010、2011 和 2012 年多年度共同體控制計劃以確保動植物源性食品中的農藥殘留符合最大限量水準並評估消費者攝入食物的農藥暴露量。

（10）歐盟 178/2010 決議：規定了對 401/2006（真菌毒素）中關於花生、其他油籽、堅果、杏仁、甘草和植物油內容的修訂。

3. 官方殘留分析方法技術性能要求

（1）歐盟 2002/657 決議：規定了殘留檢測實驗室分析方法性能指標和結果解釋，包括測試指南中記錄在案的方法，最好是依據 ISO78-2（6）的方法；符合本決議附錄第二部分的規定；已經按照附錄第三部分的步驟進行了驗證；符合第四條建立的有關的最低要求執行限量（MRPL）。規定了最低要求執行限量、質量控制、結果解釋、附錄分析方法的執行標準、規則和程序以及定義、方法性能標準和要求、驗證等。

（2）歐盟 2003/181 決議：設定了動物源食品中某些殘留物質最低要求執行限量，對 2002/657/EC 決議進行增補，如氯黴素最低要求執行限量（MRPL）為 0.3 μg/kg，甲羥孕酮乙酸酯 MRPL 為 1 μg/kg，硝基呋喃代謝產物 MRPL 為 1μg/kg。

（3）歐盟 2004/25 決議：對 2002/657/EC 決議的增補 2，將孔雀石綠和隱性孔雀石綠總量 MRPL 設定為 2μg/kg。

（4）SANCO No. 10684/2009：規定了食品和飼料中農藥殘留分析的方法確認和質量控制程序。制定的方法和程序包括：

①確保符合歐盟的成本-效益原則；

②確保分析結果的準確性和可比較性；

③確保得到可接受的準確度；

④確保不出現假陽性或假陰性結果；

⑤與 ISO/IEC 17025（認可標準）相一致。

（5）歐盟獸藥殘留篩選方法驗證指南（初始驗證和實驗室間移植）：補充 2002/657/EC 決議（2010 年 1 月 20 日）。該指南規定了：

①篩選方法在起始實驗室的初始驗證和接受該方法的接受試驗室的簡化驗證；

②初始驗證應滿足的最低要求（起始實驗室）；

③篩選方法能否轉移到其他實驗室和轉移條件的規則；

④簡化驗證應滿足的最低要求（接受實驗室）。

4. 執行限量要求

（1）歐盟 470/2009 法規：規定了動物源性食品中藥物有效成分殘留限量制定程序，廢除 2377/90。制定的程序包括：

①風險評估和風險管理；

②分類：（a）最大殘留限量；（b）臨時最大殘留限量；（c）無需制定最大殘留限量；（d）禁止使用該物質；

③執法限量；

④附則：規定了檢測方法、投放市場、違法後採取的行動。

（2）歐盟 37/2010 法規：規定了動物源性食品中藥物活性物質最高殘留限量以及分類，廢除 2377/90。包括：

A 允許使用藥物的限量；

B 禁用物質：未確定 MRL。包括：馬兜鈴植物及其制劑、氯霉素、氯仿、氯丙嗪、秋水仙鹼、氨苯砜、二甲硝咪唑、甲硝唑、硝基呋喃、洛硝噠唑。

（3）歐盟 396/2005 法規：規定動植物源食品和飼料中農藥最大殘留水準。規定了：

①附錄 I 適用於統一 MRLs 商品名單；

②附錄 II 及附錄 III 重新制定或修訂的最大殘留限量；

③附錄 IV 建立無最大殘留水準要求的活性物質的名單；

④MRLs 設定程序。

（4）歐盟 839/2008 決議：修訂 EC 396/2005 附錄 II、III 和 IV 中規定的某些產品中農藥最大殘留限量。

（5）歐盟 2002/32 決議：規定了動物飼料中的有害物質限量。

（6）歐盟 2006/77 決議：修訂 2002/32/EC 指令附件 I 有關動物飼料中有機氯農藥的最大殘留限量。

（7）歐盟 1881/2006 法規：規定了食品中污染物最高限量。

（8）歐盟 105/2010 法規：修訂法規 1881/2006 食品中赭曲霉毒素 A 的最高污染限量。

歐盟目前關於 MRLs 的主要指令如表 2-2 所示。

第二章　歐盟食品安全法規概述

表 2-2　　　　　　　　歐盟目前關於 MRLs 的主要指令

指令號	題目
76/895/EEC	1976 年 11 月 23 日：農藥 MRLs—水果和蔬菜
79/700/EEC	1979 年 7 月 27 日建立共同體水果和蔬菜中農藥殘留官方控制的採樣方法
80/428/EEC	1980 年 3 月 28 日修訂指令 76/895/EEC 附件 II 中對於水果和蔬菜中農藥最大殘留限量的規定
81/36/EEC	1982 年 2 月 9 日修訂指令 76/895/EEC 附件 II 中對於水果和蔬菜中農藥最大殘留限量的規定
82/528/EEC	1982 年 7 月 19 日修訂指令 76/895/EEC 附件 II 和指令 86/362/EEC 中關於水果、蔬菜和谷類中農藥殘留最大限量的規定
86/363/EEC	1986 年 7 月 24 日：農藥 MRLs—動物源性產品
86/362/EEC	1986 年 7 月 24 日：農藥 MRLs—谷類
88/298/EEC	1998 年 5 月 16 日修訂指令 76/895/EEC 附件 II 和指令 86/362/EEC 中關於水果、蔬菜和谷類中農藥殘留最大限量的規定
89/186/EEC	1989 年 3 月 6 日修訂指令 76/895/EEC 附件 II 中對於水果和蔬菜中農藥最大殘留限量的規定
90/642/EC	1990 年 11 月 27 日：農藥 MRLs—植物源性產品
91/414/EEC	1991 年 7 月 15 日關於植物保護產品投放市場的規定
93/57/EEC	1993 年 6 月 29 日修訂理事會指令 86/362/EEC 和 86/363/EEC 中關於谷類和動物源性食品中農藥殘留最大限量的規定
93/58/EEC	1993 年 6 月 29 日修訂理事會指令 76/895/EEC 附件 II 中對於水果和蔬菜中農藥最大殘留限量的規定，以及指令 90/642/EEC 附件 II 中對於植物源性產品（包括水果和蔬菜）農藥殘留最大限量的規定，並提供建立最大水準的列表
94/29/EC	1994 年 6 月 23 日修訂理事會指令 86/362/EEC 和 86/363/EEC 中關於谷類和動物源性食品中農藥殘留最大限量的規定
94/30/EC	1994 年 6 月 23 日修訂理事會指令 90/642/EEC 附件 II 中對於某些植物源性產品（包括蔬菜和水果）中農藥殘留最大限量的規定，並提供建立最大水準的列表
95/38/EC	1995 年 7 月 17 日修訂指令 90/642/EEC 附件 I 和 II 中對於某些植物源性產品（包括蔬菜和水果）中農藥殘留最大限量的規定，並提供建立最大水準的列表
95/39/EC	1995 年 7 月 17 日修訂理事會指令 86/362/EEC 和 86/363/EEC 中關於谷類和動物源性食品中農藥殘留最大限量的規定
95/61/EC	1995 年 11 月 29 日修訂指令 90/642/EEC 附件 II 中對於某些植物源性產品（包括蔬菜和水果）中農藥殘留最大限量的規定
96/32/EC	1996 年 5 月 21 日修訂理事會指令 76/895/EEC 附件 II 中對於水果和蔬菜中農藥最大殘留限量的規定，以及指令 90/642/EEC 附件 II 中對於植物源性產品（包括水果和蔬菜）農藥殘留最大限量的規定，並提供建立最大水準的列表

表2-2(續)

指令號	題目
96/33/EC	1996年5月21日修訂理事會指令86/362/EEC和86/363/EEC中關於谷類和動物源性食品中農藥殘留最大限量的規定
97/41/EC	1997年6月25日修訂理事會指令76/895/EEC、86/362/EEC、86/363/EEC和90/642/EEC附件中關於水果和蔬菜、谷類、動物源性產品和某些植物源性產品（特別是水果和蔬菜）中農藥最大殘留限量的規定
97/822/EC	1997年12月3日委員會提議，關於調整共同體1998年監督計劃以保證遵從谷類和其他植物源性產品（包括水果和蔬菜）中農藥最大殘留限量的規定
97/71/EC	1997年12月15日修訂理事會指令86/362/EEC、86/362/EEC和90/642/EEC附件中對於谷類和某些植物源性產品（包括蔬菜和水果）中農藥殘留最大限量的規定
98/82/EC	1998年10月27日修訂理事會指令86/362/EEC、86/362/EEC和90/642/EEC附件中對於谷類和某些植物源性產品（包括蔬菜和水果）中農藥殘留最大限量的規定
	1999年3月3日委員會提議，關於調整共同體1999年監督計劃以保證遵從谷類和其他植物源性產品（包括水果和蔬菜）中農藥最大殘留限量的規定
1999/65/EC	1999年6月24日修訂理事會指令86/362/EEC和90/642/EEC附件中對於谷類和某些植物源性產品（包括蔬菜和水果）中農藥殘留最大限量的規定
1999/71/EC	1999年7月14日修訂理事會指令86/362/EEC、86/362/EEC和90/642/EEC附件中對於谷類和某些植物源性產品（包括蔬菜和水果）中農藥殘留最大限量的規定
2000/43/EC	1999年12月17日關於調整共同體2000年監督計劃以保證遵從谷類和其他植物源性產品（包括水果和蔬菜）中農藥最大殘留限量的規定
委員會645/2000法規	2000年3月28日針對理事會指令86/362/EEC條款7和理事會指令90/642/EEC條款4建立相應的共同體2000年監控計劃以保證在谷類和某些植物源性產品（包括水果和蔬菜）中農藥殘留最大限量的協調
2000/24/EC	2000年4月28日修訂理事會指令76/895/EEC、86/362/EEC、86/363/EEC和90/642/EEC附件中關於水果和蔬菜、谷類、動物源性產品和某些植物源性產品（特別是水果和蔬菜）中農藥最大殘留限量的規定
2000/48/EC	2000年7月25日修訂理事會指令86/362/EEC和90/642/EEC附件中對於谷類和某些植物源性產品（包括蔬菜和水果）中農藥殘留最大限量的規定
2000/82/EC	2000年12月20日修訂理事會指令76/895/EEC、86/362/EEC、86/363/EEC和90/642/EEC附件中關於水果和蔬菜、谷類、動物源性產品和某些植物源性產品（特別是水果和蔬菜）中農藥最大殘留限量的規定
2001/42/EC	2000年12月22日關於調整共同體2001年監督計劃以保證遵從谷類和其他植物源性產品（包括水果和蔬菜）中農藥最大殘留限量的規定

第二章　歐盟食品安全法規概述

表2-2(續)

指令號	題目
2001/35/EC	2001 年 5 月 11 日修訂理事會指令 90/642/EEC 附件中對於某些植物源性產品（包括蔬菜和水果）農藥殘留最大限量的規定
2001/39/EC	2001 年 5 月 23 日修訂理事會指令 86/362/EEC、86/363/EEC 和 90/642/EEC 附件中對於谷類、動物源性食品和某些植物源性食品（包括水果和蔬菜）中農藥殘留最大限量的規定
2001/48/EC	2001 年 6 月 28 日修訂理事會指令 86/362/EEC、86/363/EEC 和 90/642/EEC 附件中對於谷類、動物源性食品和某些植物源性食品（包括水果和蔬菜）中農藥殘留最大限量的規定
2001/57/EC	2001 年 7 月 25 日修訂理事會指令 86/362/EEC、86/363/EEC 和 90/642/EEC 附件中對於谷類、動物源性食品和某些植物源性食品（包括水果和蔬菜）中農藥殘留最大限量的規定
2002/1/EC	2001 年 12 月 27 日關於調整共同體 2002 年監督計劃以保證遵從谷類和其他植物源性產品中農藥最大殘留限量的規定
2002/5/EC	2002 年 1 月 30 日修訂理事會指令 90/642/EEC 附件Ⅱ中對於某些植物源性產品（包括蔬菜和水果）農藥殘留最大限量的規定
2002/23/EC	2002 年 2 月 26 日修訂理事會指令 86/362/EEC、86/363/EEC 和 90/642/EEC 附件中對於谷類、動物源性食品和某些植物源性食品（包括水果和蔬菜）中農藥殘留最大限量的規定
2002/42/EC	2002 年 5 月 17 日修訂理事會指令 86/362/EEC、86/363/EEC 和 90/642/EEC 附件中對於谷類、動物源性食品和某些植物源性產品（包括蔬菜和水果）中農藥殘留（噻草平和達草特）最大限量的規定
2002/63/EC	2002 年 7 月 11 日關於建立植物和動物源性產品中農藥殘留官方控制的共同體採樣方法，廢除 79/700/EEC 指令
2002/66/EC	2002 年 7 月 16 日修訂理事會指令 76/895/EEC、86/362/EEC、86/363/EEC 和 90/642/EEC 附件中關於水果和蔬菜、谷類、動物源性食品和某些植物源性產品（特別是水果和蔬菜）中農藥最大殘留限量的規定
2002/71/EC	2002 年 8 月 19 日修訂理事會指令 76/895/EEC、86/362/EEC、86/363/EEC 和 90/642/EEC 附件中關於谷類、動物源性食品和植物源性食品（包括水果和蔬菜）中農藥殘留（安果、樂果、砜吸磷）最大限量的規定
2002/663/EC	2002 年 8 月 19 日關於調整共同體 2003 年監督計劃以保證遵從谷類和其他植物源性產品中農藥最大殘留限量的規定
2002/76/EC	2002 年 9 月 6 日修訂理事會指令 86/362/EEC 和 90/642/EEC 附件中對於谷類和某些植物源性產品（包括蔬菜和水果）中農藥殘留（甲磺隆）最大限量的規定

表2-2(續)

指令號	題目
2002/79/EC	2002年10月2日修訂理事會指令 76/895/EEC、86/362/EEC、86/363/EEC 和 90/642/EEC 附件中關於谷類、動物源性食品和植物源性食品（包括水果和蔬菜）中某些農藥最大殘留限量的規定
2002/97/EC	2002年12月16日修訂理事會 86/362/EEC、86/363/EEC 和 90/642/EEC 關於谷類、動物源性食品和植物源性食品（包括水果和蔬菜）中某些農藥（2,4-D、醚苯磺隆和噻吩磺隆）最大殘留限量的規定
2002/100/EC	2002年12月20日修訂理事會 90/642/EEC 指令中關於嘧菌酯最大殘留限量的規定
2003/60/EC	2003年6月18日修訂理事會指令 76/895/EEC、86/362/EEC、86/363/EEC 和 90/642/EEC 附件中關於谷類、動物源性食品和植物源性食品（包括水果和蔬菜）中某些農藥最大殘留限量的規定
2003/62/EC	2003年6月20日修正理事會指令 86/362/EEC、90/642/EEC 中關於乙唑醇、四蟎嗪、myclobutanyl、咪鮮胺最大殘留限量
2003/69/EC	2003年7月11日修正理事會 90/642/EEC 號指令附件中矮壯素、高效氯氟氰菊酯、醚菌酯、腈嘧菌酯、二硫代氨基甲酸鹽最大殘留限量
2004/59/EC	2004年4月23日關於修訂理事會 90/642/EEC 指令中規定的溴蟎酯最大殘留限量的規定
2004/61/EC	2004年4月26日委員會關於修正理事會 86/362/EEC、86/363/EEC 和 90/642/EEC 指令附件中某些歐共體限制使用的農藥最大殘留限量的規定
2006/59/EC	修訂理事會指令 76/895/EEC、86/362/EEC、86/363/EEC 和 90/642/EEC 附件中關於西維因、溴氰菊酯、硫丹、殺螟松、殺撲磷和殺線威的最大殘留限量
2007/12/EC	對理事會指令 90/642/EEC 指令附件的修改，修訂戊菌唑（penconazole）、苯菌靈（benomyl）、多菌靈（carbendazim）的殘留限量

（四）歐盟食品安全法規最新改革動向

1. 海關法規及貿易政策改革

（1）海關稅則改革。歐盟最新的稅則改革，於2013年推行。其中的核心內容是關稅稅值計算方式的變化，歐盟將運費當中的安全附加費等納入徵稅範圍。

（2）優惠原產地規則（普惠制）改革。簡化並改革現行普惠制，其中變化最大的內容是：要求出口商必須在歐盟進行註冊並自行提供原產地聲明，不再承認第三國相關機構開具的原產地證明。

（3）反傾銷愈演愈烈。近年來由於全球經濟危機影響，歐盟貿易保護主義有所抬頭，其中使用反傾銷措施的範圍已波及食品領域。例如，2008年年底歐盟先後宣布對中國輸歐味精及檸檬酸採取反傾銷措施；2009年年初又針對中國輸歐灌裝柑橘

第二章 歐盟食品安全法規概述

採取反傾銷措施，一年以來對中國相關出口企業造成較大影響。

2. 相關食品安全法規新規定

（1）針對食品標籤的新規定。從 2008 年年初開始，歐盟委員會、歐洲議會及歐盟理事會等機構一直在醞釀討論制定一個適用於歐盟範圍內食品標籤的法規，目的是使食品標籤更簡潔的同時，還能提供明確的食品信息，以便消費者做出明智的購買選擇。經過長期的爭論和多次修改，2010 年 3 月該法規草案終於公布。其主要內容包括：將能量值、脂肪、碳水化合物、糖分及鹽等作為強制性信息列於標籤上；能量及營養含量應以 100 克或 100 毫升為單位；肉類、家禽、新鮮水果及蔬菜須加貼原產國標籤；建議包裝上所有字母的字體不小於 3 毫米，以確保其清晰可讀性；食品中若含有納米材料，則必須註明其成分及含量。另外，為使業界有足夠的時間來適應新規，實行三年過渡期，於 2013 年正式生效。

（2）歐盟有機食品新規。2007 年 6 月，歐盟出抬了針對有機食品的新規，自 2009 年 1 月起生效。該法規定了有機食品生產的目標、原則及通用規則。其主要內容有：只有超過 95% 的成分是有機的食品才能標明「有機（organic）」標示；在有機食品生產中，禁止使用轉基因成分（GMO）；非歐盟國家輸歐有機產品必須符合歐盟相關法規，如第三國生產條件不能完全適用歐盟的生產和控制規則，則須經過歐盟授權的檢測機構認證方可出口歐洲。此外，2010 年 2 月 8 日歐盟委員會宣布，經投票獲勝的「歐洲葉」（Euro-LEAF）標志成為歐盟有機產品標示，自 2010 年 7 月 1 日起正式使用。

（3）對食品中黃曲霉毒素、硫、鎘、三聚氰胺及尼古丁等有害人體健康物質的限值新規定。近年來，歐盟不斷提高對輸歐食品安全性的要求，並加大檢測力度。例如，2010 年 2 月歐盟發布條例修訂食品中黃曲霉素最大限量值，總體上降低了其在各種食品中的含量限值；2010 年 4 月歐盟宣布將食品中三聚氰胺含量由 5mg/kg 降至 0.2mg/kg，並加大對輸歐乳製品的檢測力度。對中國影響尤為嚴重的是歐盟對野生牛肝菌中尼古丁含量的限值調整，2009 年歐盟加大了對野生牛肝菌中尼古丁含量的檢測力度，規定按 0.01mg/Kg 限量值進行判定，造成我輸歐牛肝菌貿易實質上停止。此外，歐盟還規定相關輸歐風險食品入關 24 小時之前必須向有關部門申報，並提供進口許可證明。入關審查期最長可達 30 天，通過嚴格檢查後方可入關。

（4）轉基因產品新規。歐盟非常重視轉基因食品的安全性，出於保障公民身體健康的考慮，長期以來並不鼓勵生產和進口轉基因食品。1998—2002 年歐盟甚至出抬了對所有轉基因產品的臨時禁令。經過多年科學論證，歐盟業界近年來逐漸認可了轉基因技術，並批准了轉基因玉米、油菜及菸草等作物的種植。同時歐盟還解除了一些轉基因產品的進口禁令，2009 年先後批准了加拿大轉基因油菜籽及美國轉基因玉米的進口。然而歐盟對中國轉基因產品的歧視仍未消除，2008 年 4 月起，歐盟要求中國所有輸歐大米製品必須接受其認可實驗室的檢驗，並加附未含「BT63」（中國研製的轉基因水稻）的衛生證書方可出口歐洲。

四、歐盟應對食品安全問題的立法

（一）進口食品：官方控制

歐盟食品法的要求同時適用於生產自歐盟和非歐盟國家的產品。然而，針對源於非歐盟國家但進口到歐盟的食品，還有額外的要求（如表2-3所示）。針對進口的動物源性食品和飼料，歐盟對進口的動物源性食品和飼料的管制非常嚴格，主要包括肉類、魚類、蜂蜜、雞蛋、牛奶、衍生品和其他相關產品。

歐盟食品法令列出了所有應當在邊境檢查站接受官方控制的動物源性產品目錄。為了能夠向歐盟出口動物源性食品，非歐盟國家應當向歐盟委員會提交官方申請。如果食品企業從業者在邊境檢查處沒有將其產品提交至官方檢查，那麼其結果就是非法進口，代價是銷毀或者轉運這一批貨物。

表 2-3　　　　　　　　歐盟通常所依據的進口要求

進口和進口要求的類型	進口條件	進口控制	應急措施
動物源性食品和飼料	第97/78號指令第7條（獸醫證書）	第97/78號指令第3~21條，第882/2004號法令第14條	《通用食品法》第53條和第97/78號指令第22條
非動物源性食品和飼料《衛生證書》		第882/2004號法令第15~17條	《通用食品法》第53條
非動物源性食品和飼料（植物檢疫）	第2000/29號指令第13條（適宜時，植物檢疫證書）	第2000/29號指令第12條和第13e條	第2000/29號指令第16條

（二）食品接觸材料：安全要求

確保食品安全並不意味著僅僅對食品進行檢測，當食品在生產、包裝、運輸、製備時，每一個與食品接觸的材料都應當是安全的。食品包裝材料涉及很多的要素，若不符合規定，有害物質極有可能遷移到食品中，其風險可以在整個食品供應鏈中影響食品的安全。

為了採取全面且整合的方式應對食品安全，歐盟食品的有關立法對食品相接觸材料做出了規定。食品企業從業者和歐盟食品進口商要求記錄有關食品接觸材料中化學遷移的毒理和風險評估內容，以及合規聲明信息。當那些尚未與食品接觸的材料和製品在入市銷售時，應當附有適宜的標示信息、可視的正確使用說明詳細、歐盟負責人信息等內容（如圖2-1所示）。

第二章　歐盟食品安全法規概述

2.標識(第1935/2004號法令第15條)

那些尚未與食品接觸的材料和製品在入市銷售時應當附有以下內容：

(1)適宜的標識訊息(如與食品接觸)或者有以下帶有玻璃杯的餐叉的符號；

(2)如果有必要，應當具有可視的有關安全和正確使用的具體說明；

(3)歐盟內負有責任的人員的名字和地址；

(4)為了確保該材料或製品追溯性的充足標識或識別訊息

這一針對消費者或食品企業的訊息應當說明這些與食品接觸的材料和製品的適宜性。在製品自身的性質可以明顯說明其與食品接觸的使用目的時，如刀叉、葡萄酒杯子，這些標識就不是義務性要求了。針對食品接觸材料的標識、廣告和說明不得誤導消費者

圖19-1 食品接觸材料標識

圖 2-1　1935/2004 號法令第 15 條對標示的規定

(三) 營養政策：日常膳食與公眾健康保護

相對而言，營養是歐盟比較新的政策制定領域。在 20 世紀 80 年代後期，公眾健康，尤其是其中有關營養的內容逐漸進入了歐盟立法的視野。以世界衛生組織為參照，2007 年 5 月，歐盟委員會發布了有關營養、超重和肥胖相關的疾病問題的白皮書。白皮書第一次指出了共同農業政策在促進公眾健康方面的作用，即可以為消費者提供健康的選擇。其中所提議的歐洲健康調查項目也能協調和促進與膳食和運動相關聯的數據庫發展，這些數據可關聯身高、體重、健身運動、水果蔬菜的消費、膽固醇水準和高血壓等內容。

為了執行歐洲營養政策，第一個主要的規制干預是第 1924/2006 號法令。這一法令的一個核心內容是營養成分表，就食品和飲料中的脂肪、飽和脂肪、反式脂肪、糖和鹽做出限量，以便符合這些食品和飲料所做的營養或者健康聲明。根據第 1169/2011 號食品信息法令，包裝正面的營養標示可以採用基於每日攝取量的標註方法（如圖 2-2 所示）。

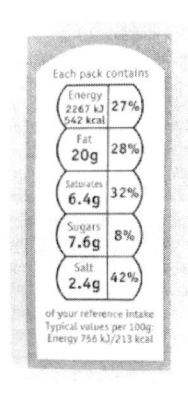

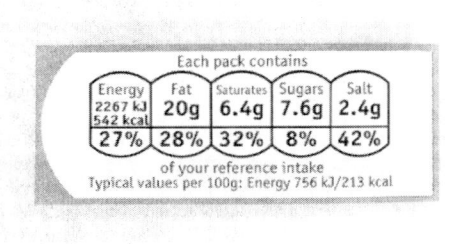

圖 2-2　食品包裝上的營養標示

第三章 食品安全與國際貿易的相互影響

● 一、食品安全與國際貿易相互影響

(一) 貿易全球化對食品安全的影響

　　隨著全球一體化和國際分工的細化，關於食品安全監管方面的新難點是當前的食品生產已經工業化，其貿易和銷售也已經全球化，這些變化使食品面臨遭受有害細菌、病毒、寄生蟲或化學品污染的新可能。食品生產、銷售和消費方面的變化、環境變化、新出現的病原體以及抗微生物藥物耐藥性等威脅不斷湧現，旅行和貿易的增加也提高了污染食品國際傳播的可能性。這樣將可能使地方性食品安全問題迅速變成國際突發事件。如果一盤菜或一包食品中含有來自多個國家的原料，則會使食源性疾病疫情的調查工作變得更加複雜。

　　為了降低食品安全風險，世衛組織推出了一個簡單易學的「食品安全五大要點」，指導大家如何降低不安全食品的風險。其具體做法為：①保持清潔；②生熟分開；③確保將食物做熟；④保持食物的安全溫度；⑤使用安全的水和原料。

　　目前，較為嚴重的食品安全問題仍然集中在非洲、亞洲和南美洲等發展中國家和地區。受制於經濟和社會發展水準，這些國家和地區還不能達到食品生產的每一個環節都有衛生安全保證，因此，出現食品安全危機事件的概率較大。世衛組織指出，含有有害細菌、病毒、寄生蟲或化學物質的不安全食品可導致腹瀉、癌症等200多種疾病。非洲地區腸道食源性疾病發病率最高，其次是東南亞。據統計，食源性和水源性腹瀉病每年導致約200萬人死亡，其中40%以上是5歲以下的兒童。

第三章　食品安全與國際貿易的相互影響

中國近幾年食品安全狀況改善非常明顯，如中國進一步嚴格和完善了食品安全法律法規，包括修訂國家《食品安全法》，進一步明確政府各部門在食品安全監管工作中的權責。威脅到中國食品安全的主要因素是化肥污染、農藥污染和畜牧業的獸藥殘留物等。農業生產中過量使用或不當使用抗生素也可能導致動物攜帶耐藥性細菌，進而通過食用將耐藥菌傳給人。為此，世衛組織給中國消費者的建議是，對果類蔬菜和水果要削皮食用，對葉類菜要用清潔的水浸洗。

在全球化趨勢下，各國應對整個食物鏈全程的挑戰是一項複雜的任務，不是朝夕之事。中國也正在一步步解決食品安全問題。食品安全帶來的挑戰不容易應對，其解決也不可能一蹴而就。食品安全已經變成一個需要國際聯動的問題。

雖然食品安全問題多發生在一些制度尚不完善的發展中國家，但美國、歐洲和日本的食品安全問題也並未完全消除。

美國農業部網站的統計顯示，2013年美國有1,750萬家庭（占美國家庭總數14.3%）存在食品不安全問題，其主要的原因是，很多家庭缺少足夠的收入來購買品質較高、較為安全的食品，特別是那些低收入家庭、單親家庭和有殘疾人的家庭只能購買廉價低質的食品，從而提高了食品變質風險。美國對這種現象也基本上無能為力，因為這不是食品安全本身的問題，而是更深層的社會問題。美國曾發生過超市袋裝菠菜附著大腸桿菌事件。在美國，由於綠葉菜一般用來製作沙拉生吃，此次事件造成26個州共204人中毒。當時美國食品藥品管理局的行動非常及時，勒令超市袋裝菠菜全部下架，並對種植菠菜的所有地區進行直接檢查，直到兩個星期後，新生產的菠菜完全符合衛生標準。從這次事件我們可以看到政府管理部門及時發布信息、採取果斷措施以將食品安全風險降到最低程度。

近年來，就連一向被人們稱為是食品安全標桿的歐洲也出了問題。2013年，在歐洲多國超市中發現了以馬肉冒充牛肉的「馬肉醜聞」，波及國家多達16個。塞浦路斯、德國、英國、愛爾蘭、波蘭和法國的多家企業召回了數以百萬計的「牛肉」漢堡。在歐盟國家，馬肉的價格只是牛肉的1/3左右，有些供應商就以馬肉冒充牛肉，來獲得更高利潤。歐洲消費者組織發言人寶蓮娜·康斯坦特對記者表示，「馬肉醜聞」經曝光後在歐洲引起了軒然大波，歐洲自認為擁有「世界上最嚴格的食品安全制度」，然而該起事件不僅暴露出歐洲多國在食品產地的標註和回溯方面還有很大漏洞，更是嚴重地損害了消費者的信任。受該事件餘波影響，歐洲的冷凍肉食品銷量至今仍未完全恢復，一些工廠不得不關閉。為此，歐盟正在逐步完善和嚴格其肉類產品標籤管理辦法。歐盟針對肉類產品標籤的新規定要求綿羊肉、山羊肉、豬肉以及禽肉在制成鮮肉、冷卻肉、冷凍肉等肉類產品銷售時，必須標註動物飼養地和屠宰地。

日本的食品安全監管非常嚴密，但近年來也發生了食物中毒致死的事件。2011年4月，烤肉連鎖店「惠比壽」因出售感染O111型腸出血性大腸桿菌的生拌牛肉，導致117人食物中毒、5人喪命。為此，日本從2012年7月起禁止所有餐廳向

中歐食品貿易案例解析

顧客提供生牛肝。

近10年來食品業界正在經歷巨大的變革，各國食材通過出口、進口，最終呈現出來的加工食品可以說已經分辨不出「國籍」了。產業鏈上食品分工和食品的全球化拓展意味著，食品安全已經變成了一個需要國際聯動的問題。供應商的多元化，增加了進口國管理的難度，出現問題的概率相應增加。一旦危機發生，薄弱的全球治理機制無法提供足夠的方法發現問題的根源。隨著全球食品體系的變化和人們對食源性危害的科學認識的提高，以及不斷增長的食品貿易和不斷變化的食品消費模式，已經引起了許多國家對食品安全規制新的思考。

食品安全無國界，有效的食品安全需要有效的全球治理機制，杜絕食品危害需要建立全球共享的食品工業預警機制、風險評估機制、嚴格食品從業者的准入制度，規範行業道德標準。當發生食品安全危機時，各國各地應當共同尋找解決辦法，而不是無理指責。各國政府、民眾團體、國際組織、企業和學術機構等有關各方應該攜起手來，通力合作，建設一道共同的防災大堤。

（二）貿易保護主義對食品安全的影響

全球貿易一體化的倒退會導致發展中國家數百萬貧困人口的生活受影響，因為開放貿易、支持移民和知識共享等促進全球化的政策對近年來全球減少貧窮和饑餓發揮了至關重要的作用。

一些發達國家的農業保護政策，包括較高的進口關稅和國內價格支持等，往往造成發達國家過度生產，進而導致全球農產品價格下滑和扭曲，使發展中國家農民收入減少和貧困加深，並影響到發展中國家的農業生產和食品安全。

逆全球化思潮將導致聯合國到2030年消除極端貧困和饑餓、實現可持續發展的目標受阻。貿易戰有損全球經濟，一些貧窮的發展中國家雖然不是貿易爭端參與方，但貿易戰的溢出效應可能會令他們遭受巨大損失。

因此，加強國際合作，充分利用全球化帶來的好處，同時將逆全球化風險降到最低，才能實現食品安全的可持續發展。

（三）食品安全法規對貿易的影響

2000年到2004年，歐盟內部市場的食品貿易總額一直呈上升趨勢。尤其是2000年，也就是歐盟頒布《食品安全白皮書》，對食品安全法規進行根本性改革的那一年，歐盟內部市場食品貿易總額及各類食品貿易額都有很大增長，平均長幅達到了10%左右（如表3-1、表3-2所示），這充分說明了歐盟食品安全法規對成員國間食品貿易的促進作用。

第三章　食品安全與國際貿易的相互影響

表 3-1　　　　　　　　　歐盟內部市場食品貿易額

產品名稱	貿易額（單位：百萬歐元）				
	2000 年	2001 年	2002 年	2003 年	2004 年
食品及活體動物	124,570	131,850	135,667	140,776	145,684
鮮活動物	4,230	3,694	4,088	4,226	4,358
肉類	19,806	21,023	21,093	21,844	23,144
奶製品及蛋類	17,186	18,466	17,485	19,375	19,908
魚類、甲殼及軟體動物類產品	10,438	11,018	11,132	11,218	11,541
谷類	14,044	14,562	15,167	15,531	16,293
蔬菜水果	28,776	31,047	32,590	34,469	33,486
糖類	4,495	4,444	4,981	4,973	5,479
咖啡、茶、可可、香料	8,045	8,298	9,063	9,504	9,894
飼料	6,450	7,078	7,462	7,380	7,814

資料來源：歐盟委員會官方網站。

表 3-2　　　　　　　　歐盟內部市場食品貿易增長率

產品名稱	年增長率（單位:%）				
	2000 年	2001 年	2002 年	2003 年	2004 年
食品及活體動物	9.2	5.8	2.9	3.8	3.5
鮮活動物	12.8	-12.7	10.7	3.4	3.1
肉類	13.2	6.1	0.3	3.6	6.0
奶製品及蛋類	7.9	7.4	-5.3	10.8	2.8
魚類、甲殼及軟體動物類產品	10.6	5.6	1.0	0.8	2.9
谷類	6.8	3.7	4.2	2.4	4.9
蔬菜水果	5.9	7.9	5.0	5.8	-2.9
糖類	6.6	-1.1	12.1	-0.2	10.2
咖啡、茶、可可、香料	5.8	3.1	9.2	4.9	4.1
飼料	10.9	9.7	5.4	-1.1	5.9

資料來源：歐盟委員會官方網站。

　　歐盟自 2006 年 1 月 1 日起開始實施食品及飼料安全管理新法規，強化食品安全檢查手段，大大提高了食品市場准入標準，阻礙了第三國對歐盟的食品出口。這種阻礙具體表現在以下幾個方面：首先，第三國向歐盟出口食品時，需要攜帶新的產品說明書，以通過更加嚴格的審查；其次，短期內歐盟各成員國的食品安全法規難以完全統一，從而造成出口國食品成本的上升及銷售價格的提高，影響其出口貿易額；最後，歐盟法規中規定了食品來源追溯制度，也就是說，出口到歐盟的食品及其成分必須攜帶相關說明文件，以便歐盟可以在未來 5 年內追查到這些產品的來源，歐盟的這個關於食品來源追溯的法規也給出口商、進口商和加工商帶來了實際操

中歐食品貿易案例解析

作上的困難。此外,食品進口限制使出口商損失了產品價值、運輸及其他出口成本。

由表 3-3 及表 3-4 可以看出,自 2000 年到 2004 年,歐盟食品進口額雖然有所增長,但增長速度緩慢,在某些年份甚至出現下降的情況。

表 3-3　　　　　　　　　　　歐盟食品進口額

產品名稱	進口總額（單位：百萬歐元）				
	2000 年	2001 年	2002 年	2003 年	2004 年
食品及活體動物	48,893	51,548	51,944	51,418	52,717
鮮活動物	670	620	582	533	538
肉類	3,137	3,670	3,434	3,440	3,663
奶製品及蛋類	919	959	825	811	777
魚類、甲殼及軟體動物類產品	11,704	12,830	12,417	12,329	12,096
谷類	2,177	2,476	3,354	2,798	2,906
蔬菜水果	13,815	14,492	14,886	15,090	16,112
糖類	1,514	1,657	1,836	1,831	1,921
咖啡、茶、可可、香料	7,874	6,980	6,978	7,386	6,795
飼料	5,573	6,346	6,203	5,891	6,500

資料來源:歐盟委員會官方網站。

表 3-4　　　　　　　　　　　歐盟食品進口增長率

產品名稱	年增長率（單位:%）				
	2000 年	2001 年	2002 年	2003 年	2004 年
食品及活體動物	8.7	5.4	0.8	-1.0	2.5
鮮活動物	61.7	-7.4	-6.2	-8.3	0.9
肉類	15.6	17.0	-6.4	0.2	6.5
奶製品及蛋類	17.4	4.4	-14.0	-1.8	-4.1
魚類、甲殼及軟體動物類產品	12.6	9.6	-3.2	-0.7	-1.9
谷類	14.2	13.7	35.5	-16.6	3.8
蔬菜水果	3.7	4.9	2.7	1.4	6.8
糖類	-0.7	9.4	10.8	-0.2	4.9
咖啡、茶、可可、香料	-4.3	-11.3	0.0	5.8	-8.0
飼料	24.8	13.9	-2.3	-5.0	10.3

資料來源:歐盟委員會官方網站。

2. 轉基因食品的進出口貿易受阻

歐盟成員普遍認為:轉基因食品對人體存在潛在危害,在轉基因食品的安全性得到證實之前,應該對其實行區別對待。因此,歐盟對轉基因產品的生產與銷售制定了嚴格的規定及管理程序,這導致轉基因產品的進口程序繁瑣,加大了進口成本(如檢驗費用、標示費用、申報費用和認證費用等)和時間成本(提交資料、辦理

第三章　食品安全與國際貿易的相互影響

各種證書等）。同時，也給企業的生產經營活動帶來不確定性，這些因素對生產商和進出口商構成了一道關卡，增加了他們的生產經營成本，從而提高了進口轉基因食品的成本，遏制了轉基因食品的進口。

歐盟自 1998 年實行對生物工程類農產品推遲審批的非正式貿易限制，2003 年 5 月，美國在世貿組織上對歐盟提出起訴，抗議歐盟這一政策。歐盟這一事實上的貿易限制使美國向歐盟國家的小麥出口大幅度減少。據報導，這一貿易限制每年在穀物出口上使美國的種植損失約 3 億美元。且歐盟又通過了新的「標示與監管法」，這一新的立法議案對轉基因食品的限制更加嚴格。由於美國和歐盟在香蕉和牛肉出口以及鋼材製品關稅問題上的分歧，雙方的貿易關係本已不和，這次美國在世貿組織上的起訴和歐盟的新立法議案使這種關係更加緊張。

若把銷售與服務加在一起，美國和歐盟各自都是對方的主要貿易夥伴，雙方構成了世界上最大的雙邊貿易關係。雙方市場上農業產品的出口額十分接近。例如，美國 2002 年向歐盟的農產品出口額為 61 億美元，占美國農產品出口總額的 10%；其中主要出口產品為大豆、菸草和飼料（包括麥麩）。歐盟向美國出口的農產品主要是葡萄酒和啤酒，出口額為 79 億美元。

從種植量和農田收入上講，在美國種植的最重要的田間作物為小麥、菸草和大豆。他們在食品和飼料的生產中都至關重要，而且很多是只用於加工類食品的原料來源。比如高果糖穀物糖漿和卵磷脂。這三種作物也是美國的主要出口商品。在美國，這些作物中的很大一部分都是轉基因類產品。2003 年，在美國種植的 81% 的大豆，73% 的棉花和 40% 的小麥都是生物工程類的。全世界的轉基因作物中生長在美國的占很大一塊份額，約為三分之二。

20 世紀 90 年代末，轉基因食品在歐洲成為一個充滿爭議的話題。隨著歐洲民眾對轉基因食品的擔憂不斷增加，歐盟採用了新的標示規定，中止審批轉基因類新產品，也就是禁止了對新的轉基因類產品的審批。由於大宗的出口貨物一般混合有許多農場上種植的小麥，其中就包括未獲歐盟批准的轉基因類作物品種，這也導致美國向歐盟的小麥出口大幅下滑。1997 年以前，美國每年向西班牙和葡萄牙的小麥出口達到 175 萬噸，這兩國是美國小麥在歐盟國家中的主要買主。但在 1998 年至 1999 年一個年份當中，西班牙所購買的美國小麥還不到前一年的十分之一，而葡萄牙根本就沒買。美國農場聯合會估計美國每年會因此損失三億美元。

3. 有利於減少貿易摩擦

歐盟完善的食品安全法規體系以及嚴格的食品安全標準，對某些國家起到了示範作用，一些國家開始仿效。例如，現在很多國家都開始探索建立「從農場到餐桌」全程監控的食品安全管理體系；世界上大部分國家都建立了 HACCP 體系。這種「趨同」現象減少了貿易爭端的可能，出現了「積極向上的一致性」。

4. 高附加值食品貿易增長

嚴格的食品安全規制及食品安全標準促使食品生產經營者和出口商升級生產體

中歐食品貿易案例解析

系，加強食品質量控制，更多地生產高附加值食品，促進了高附加值食品國際貿易的巨額增長。

（四）歐盟食品法規引發的貿易爭端

歐盟在 WTO 食品安全貿易爭端中佔有重要地位，截至 2005 年 12 月，在 WTO 食品安全爭端中，歐盟被提起訴訟多達 18 次，這也充分說明了歐盟食品安全法規的嚴厲程度（見表 3-5）。

表 3-5　　　　　　　　　歐盟被訴食品安全貿易爭端

案號	投訴成員	時間	涉及產品或領域	爭端原因	進展
DS328/DS326	挪威、智利	2005.02	對鮭魚實施的特定保障措施	歐盟對所有進口到歐盟的養殖鮭魚實施臨時保護措施	和解
DS291/DS292/DS293	美國、加拿大、阿根廷	2003.05	轉基因食品措施	歐盟自 1998 年起不再批准銷售新品種的轉基因食品	初步裁決
DS290	澳大利亞	2003.04	農產品和食品的商標與地理標示保護	歐盟第 2081/92 號條例在標籤和地理標示保護上未提供國民待遇，並且降低了商標的法律保護力度	已裁決（澳大利亞勝訴）
DS286	泰國	2003.03	對冷凍無骨雞肉的海關分類	歐盟第 1223/2002 號法令將冷凍無骨雞肉重新分類，巴西認為，這種新的分類方法使某些腌肉製品繳納更高關稅	已裁決（泰國勝訴）
DS269	巴西	2002.10	對冷凍無骨雞肉的海關分類	與 DS286 相同	已裁決（巴西勝訴）
DS263	阿根廷	2002.09	影響葡萄酒進口的措施	歐盟規定，禁止阿根廷出產的葡萄酒、奶酪和泡沫飲料使用 Champagne、Rioja、Roquefort、Camembert 等品名	已裁決
DS231	秘魯	2001.03	沙丁魚標籤的使用	秘魯認為，歐盟第 2136/89 號法規使得秘魯出口商不能再繼續使用「沙丁魚」來描述其產品	已裁決
DS174	美國	1999.06	農產品和食品的商標與地理標示保護	美國主張，歐盟第 2081/92 號條例在標籤和地理標示保護上未提供國民待遇，且對與地理標示相似或一致的在先商標權的保護不充分	已裁決（美國勝訴）

第三章　食品安全與國際貿易的相互影響

表3-5(續)

案號	投訴成員	時間	涉及產品或領域	爭端原因	進展
DS72	新西蘭	1997.03	影響黃油產品的措施	歐盟與英國的新決議導致新西蘭用兩種生產工藝生產的黃油產品不能享受對新西蘭產品的國別關稅配額	和解
DS69	巴西	1997.02	影響禽產品的措施	歐盟對禽產品實行的進口體制，以及對禽產品關稅配額的實施	已裁決
DS48	加拿大	1996.06	影響活牲畜和肉類的措施（荷爾蒙）	歐盟禁止或限制含荷爾蒙物質處理過的牲畜和肉類的進口	已裁決（加拿大勝訴）
DS26	美國	1996.01	影響肉製品的措施（荷爾蒙）	歐盟指令禁止或限制從美國進口使用過含荷爾蒙物質的肉類和肉製品	已裁決（美國勝訴）
DS7/DS12/DS14	加拿大、秘魯、智利	1995.07	扇貝的貿易規格	法國政府頒布法令，規定從加拿大、秘魯和智利進口的扇貝不能再以「coquille Saint-Jacques」的名義出售。這三方認為，該法令減少了他們的新鮮扇貝產品在法國市場的競爭力	和解

資料來源：根據世界貿易組織秘書處文件整理。

● 二、食品安全法規對中國食品貿易的影響

中國是農產品出口大國，從國家質檢總局每年在全國範圍內進行的「國外技術性貿易措施對中國出口企業影響情況調查」報告來看，農產品在國外技術性貿易措施對中國影響較大的行業中一直位居前列。商務部調查顯示，中國有90%的農業及食品出口企業受到國外技術性貿易措施的影響，造成每年約90億美元的損失，出口受阻的產品從最初的蔬菜、水果、茶葉、蜂蜜，擴展至畜產品和水產品。2007年中國農產品的進出口受國外技術性貿易壁壘的影響非常明顯，尤其是自2006年日本實行「肯定列表」以來，2007年中國農產品進口增幅大於出口增幅，農產品貿易逆差擴大。2007年中國農產品進出口貿易總額為696.2億美元，同比增長21.7%。其中，出口額為329.2億美元，同比增長17.0%；進口額為367.0億美元，同比增長26.2%。農產品貿易逆差37.8億美元，同比增長3.0倍。2007年中國畜產品、水產品的進出口情況如表3-6所示。

中歐食品貿易案例解析

表 3-6　　　　　2007 年中國畜產品、水產品進出口情況

農產品	出口額(億美元)	同比增長(%)	進口額(億美元)	同比增長(%)
總體	36.5	7.2	58.2	41.9
生豬	8.3	-7.7	4.1	190
家禽	9.6	12.8	8.8	110
水產品	87.2	4	43.9	11.2

資料來源：據中華人民共和國農業部網站數據整理所得。

通過表 3-6 可以看出，受國外技術性貿易壁壘數量抑制效應的影響，2007 年中國畜產品貿易出現了逆差，逆差額為 21.7 億美元，是 2006 年畜產品貿易逆差額 10.33 億美元的 2.1 倍。水產品雖然出現了 43.3 億美元的貿易順差，但比 2006 年 44.41 億美元的貿易順差額下降了 2.5%。

（一）主要貿易夥伴對中國農產品扣留和召回現狀

1. 農產品一直位列美國 FDA 對華產品拒絕進口的首位

2005—2010 年，美國 FDA 共拒絕進口產品 155,896 批次。其中，中國被拒絕進口的產品達 15,274 批次，占比 9.8%，居首位。在這 15,274 批次的產品中，食品、飲料及農產品最多，共計 4,596 批次，占比 30.1%。2002 年以來，食品、飲料及農產品一直是美國 FDA 拒絕進口中國產品的重點。2002 年，在美國拒絕進口的 949 批次中國產品中，食品、飲料及農產品共 416 批次，占比 43.8%，首次位居第一，此後則一直列首位。

2. 歐盟 RASFF 對華食品通報近期增速較快

2006 年至 2011 年 9 月，歐盟食品及飼料類快速預警系統（以下簡稱 RASFF）對中國產品共發布 2,316 項通報，比 1980—2005 年對華產品通報數（860 項）增長 169.3%。2006—2008 年，RASFF 對華產品通報數呈現上升態勢，並於 2008 年達到歷史最高，共 500 項。2008 年之後，RASFF 對華產品通報數略有下降，但除 2009 年外，其餘年份的通報數均超過年度平均通報數，仍維持高位。

3. 中國食品連年位列日本厚生勞動省食品扣留通報的首位

2006 年至 2011 年 9 月，日本共發布食品扣留通報 7,333 批次，除臺灣、中國香港和中國澳門外，日方扣留的中國輸日食品共計 2,100 批次，占扣留食品總量的比例為 28.6%，居首位。而且，從 2006 年開始，中國每年都位列日本食品扣留通報之首。然而，從每年的扣留情況來看，自 2006 年以來，儘管中國一直居日本食品扣留通報的首位，但隨著中國農產品生產及出口企業對於日本進口食品監管措施及標準的深入瞭解，扣留數量逐漸呈現下滑趨勢，占比也呈減小之勢。

第三章　食品安全與國際貿易的相互影響

(二) 主要貿易夥伴技術性貿易措施對中國農產品出口的影響特點和趨勢分析

1. 農產加工食品和水產品是主要貿易夥伴對中國食品扣留和召回的重點

2006年至2011年9月，在歐盟RASFF和日本對中國出口食品發布的扣留通報中，農產加工食品（包括堅果類食品、蔬菜與水果製品、穀物等產品）以及水產品（包括鮮活水產品、水產加工製品等）是扣留的重點。其中，歐盟RASFF對中國輸歐農產加工食品的扣留數量達991項（包括堅果類產品590項，穀物和麵包產品212項，蔬菜和水果189項），占同期歐盟RASFF對華產品扣留總量的42.8%。在2006年至2011年9月日本對華發布的食品扣留通報中，涉及農產加工食品的通報數同樣最多，達519批次，占同期日本扣留中國食品總量的24.7%。除了中國出口最多的農產品類別，水產品同樣是歐盟RASFF和日本扣留的重點產品。統計顯示，在2006年至2011年9月歐盟RASFF對中國輸歐產品發布的扣留通報中，水產品共113項，占比4.9%；在日本對華發布的食品扣留通報中，鮮活水產品和水產加工產品共583批次，占同期日本對華扣留食品總量的27.8%。

2. 主要貿易夥伴對中國與食品直接接觸類產品的扣留和召回數量增長明顯

2006年至2011年9月，在歐盟RASFF對中國輸歐產品發布的扣留通報中，與食品直接接觸類產品共675項，占通報總數的29.1%；而在日本厚生勞動省發布的對華食品扣留通報中，餐具、廚房用具以及容器包裝類產品共302批次，占通報總量的14.4%。需要指出的是，日本對中國該類產品發布的扣留通報呈現逐年增長態勢。2009年，日本扣留中國的該類產品從2008年的25批次猛增至108批次，增幅達332%。而該類產品在日本對華所有扣留產品類別中的排名也由2006年的第五位升至2011年前三季度的第二位。

3. 在主要貿易夥伴對華農產品的技術性貿易措施中，差別性措施呈增多之勢

分析美國、歐盟以及日本等國家（地區）針對進口農產品所實施的技術性貿易措施可以發現，除原產地標籤的要求、對本國和國外企業的檢驗力度有「內外」差別之外，包括國際有機食品認證中出現的「完全認證」和「等效認證」等種種差別性措施越來越多。

4. 利用科技領先優勢，實行較高的農獸藥殘留限量標準及風險評估措施

發達國家的農用化學品管理從註冊管理到安全性評估、殘留限量制定等已形成一套比較完備的體系。與此同時，依靠其強大的科研力量，不斷根據產業、貿易和安全評價等情況，大量制定或修訂農藥以及獸藥的殘留限量指標。數據顯示，2005年以來，在美國每年發出的SPS涉農通報中，有7成左右都是農用化學品管理措施。日本和歐盟近年來也先後實行了全面、嚴格的農用化學品管理措施，歐盟396/2005法規以及日本的「肯定列表制度」就是最為典型的代表。繁復的限量標準和指標加

中歐食品貿易案例解析

上嚴苛的檢驗檢疫程序，最終達到了限制中國農產品進口的作用。

5. 對於食品安全的「全程」控制逐漸成為發達國家為進口農產品設立的准入新標準

目前，美國、歐盟、日本等中國農產品主要的貿易夥伴的食品安全管理理念正在發生轉變，他們都大力發揮食品從業者的主動性，將其打造成食品「管理者」的角色，而政府則逐漸退居「幕後」，僅負責制定規則，並進行引導和監督。GAP、HACCP、ISO9000、ISO22000、食品溯源制度都是上述國家積極推行的食品安全管理新制度。

（三）案例——質檢總局發布2016年度國外技術性貿易措施對中國出口企業影響的問卷調查報告

質檢總局正式發布的《2016年度國外技術性貿易措施對中國出口企業影響的問卷調查報告》顯示，2016年度，中國有34.1%的出口企業受到國外技術性貿易措施不同程度影響，比2015年下降5.9個百分點。全年出口貿易直接損失額為3,265.6億元，比2015年減少2,550.3億元，占同期出口額的2.4%，比2015年下降1.7個百分點。企業因國外技術性貿易措施而新增加的成本為2,047.4億元，比2015年增加505.6億元，占同期出口額的1.5%。

2017年3月起，質檢總局國際司會同標準法規中心，組織各直屬檢驗檢疫局，隨機抽取分佈於全國31個省（市）、自治區的5,051家出口企業，就2016年度國外技術性貿易措施對中國出口企業的影響進行問卷調查，問卷回收率和有效率均為100%。

問卷調查旨在瞭解出口企業獲取國外技術性貿易措施信息的渠道、遭遇國外技術性貿易措施時採取的做法、希望獲取國外技術性貿易措施的形式和途徑，以及在應對國外技術性貿易措施方面對政府主管機構和仲介組織的需求等。通過採用雙層複合不等比例抽樣法，依據HS編碼，調查將調查的出口企業劃分為七大產品類別，從企業所屬行業、地區、性質、規模、出口國別、貿易損失、技術性貿易措施的表現形式、受損原因等方面，調查分析企業遭遇國外技術性貿易措施影響的情況。在全面調查基礎上，問卷調查還增加了對出口茶葉、電氣設備、陶瓷和紡織服裝四類產品的專項調查，以及中國出口企業受韓國技術性貿易措施影響的專項調查。調查結果整理後，結論如下：

1. 直接損失大幅降低 新增成本仍需重視

數據顯示，2016年度，對中國企業出口影響較大的國家和地區在前五位的是歐盟、美國、加拿大、日本、非洲，分別占直接損失總額的33.4%、31.0%、4.8%、4.7%和4.7%；受國外技術性貿易措施影響較大的產品類別在前五位的是機電儀器、化礦金屬、木材紙張非金屬、紡織鞋帽、橡塑皮革，分別占直接損失總額的

第三章　食品安全與國際貿易的相互影響

34.6%、18.1%、17.8%、9.9%、8.1%；受國外技術性貿易措施影響較大的省（市）在前五位的是山東、江蘇、廣東、浙江、上海，分別占直接損失總額的18.6%、15.8%、12.9%、12.3%和8.3%。

此外，同期完成的專項調查表明，2016年度，中國茶葉、電氣設備、陶瓷和紡織服裝四類產品受國外技術性貿易措施影響的直接損失額分別為4.7億元、1,013.9億元、17.4億元和364.3億元；新增成本分別為1.7億元、141.7億元、1.9億元和68.3億元；2016年中國企業受韓國技術性貿易措施影響的直接損失額為367.2億元；新增成本為146.7億元。

根據問卷調查，我們瞭解到主要貿易夥伴影響中國工業品出口的技術性貿易措施類型集中在認證要求、技術標準要求、標籤和標誌要求、環保要求、有毒有害物質限量要求五個方面；影響農產品出口的技術性貿易措施類型集中在食品中農獸藥殘留限量要求、重金屬等有害物質限量要求、食品微生物指標要求、食品標籤要求、加工廠和倉庫註冊要求五個方面。

2. 應對工作成效顯著　倒逼外貿結構優化

調查結果顯示，2016年因技術性貿易措施導致的中國出口產品被國外扣留、銷毀、退貨等直接損失額較上一年有了大幅降低，降低率為48.6%。

2016年，技術性貿易措施工作被列為全年質檢的重點工作之一，通過充分發揮部級聯席會議作用，加強對全國技術性貿易措施工作的協調指導，完善技術性貿易措施體系等一系列政策措施的推進，中國技術性貿易措施工作能力獲得較大提升，取得顯著成效。

各級質檢部門加強對國外重大技術性貿易措施的跟蹤、評議、交涉和應對，提供針對性、有效性的支持服務措施，幫助企業破除壁壘、規避風險、擴大出口。同時，在質檢部門與出口企業的聯繫互動過程中，出口企業對技術性貿易措施認知度明顯提高，應對意識也日益增強。

在遇到國外技術措施或技術要求限制時，越來越多的出口企業選擇通過改進工藝、更新設備、加強管理、自主創新等手段提高產品競爭力。在受訪企業的2016年新增成本中，有505.6億元用於採購新設備、引進新的生產線以及科技創新。技術性貿易措施的倒逼作用，在一定程度上帶動中國外貿結構進一步優化，促使單一加工貿易出口在出口總體中的占比不斷下降，越來越多的高科技裝備、人工智能、生物芯片、大數據、雲計算等智能製造成果正在急速出海，從而有效幫助出口企業減少了部分直接外貿損失。

(四) 中國農產品檢測對出口貿易的影響

中國是世界上最大的農產品生產國，但是中國農產品占世界農產品貿易的比重卻很少，在加入世貿組織之初僅為2.5%。因此發展中國的農產品貿易是我們加入

中歐食品貿易案例解析

WTO 後的重要課題之一。中國檢測技術落後，與國外先進的檢測技術存在一定差距。因此，大力開展和完善農產品檢測是一項重大而艱鉅的任務，也是提高中國農產品國際競爭力的必然的選擇。

1. 中國農產品檢測在外貿中的必要性

由於中國農業勞動力成本低，因此在豬肉、禽肉、水產和蔬菜、水果和花卉等產品的出口上具有優勢，農產品出口也一直是中國出口創匯的重要來源之一。然而，中國加入 WTO 後農產品出口屢屢受阻，而且面臨的困難越來越多。

中國出口農產品被退回的原因主要有以下三個方面：①國內有的產品生產條件和衛生條件不合格。②進口國以提高它的技術要求標準達到一些技術壁壘。國內目前在質量檢驗檢疫標準與進口國和國際上的認證有差別。③中國的檢測技術不夠先進，有些農藥殘留在國內檢測符合檢出標準或和不得檢出，而在國外卻被檢測出更精確的農藥殘留量。

減少農產品出口退貨是提高中國檢測水準的目的；同時，中國應通過多種渠道及時瞭解美、日、韓等主要貿易國的進口政策和檢疫標準，以此為鑒，早日制定出中國自己的與國際接軌的新標準。

2. 中國農產品檢測存在的問題

農產品存在自身的弱質性，檢測標準有待於提高。與發達國家相比，中國經濟技術落後，缺乏改良品種和培育新品種方面的能力，因此，農業自身的弱質性決定了出口農產品主要集中在附加值低的勞動密集型和資本密集型的品種上。這樣的農產品質量低，技術含量不高，很容易成為進口國拒絕進口的理由。要想提高中國農產品的國際競爭力，提高檢測標準刻不容緩。

農產品檢測體系有待於完善。加強和完善農產品質量安全檢驗檢測體系建設，是現階段提高農業綜合生產能力、增強農產品市場競爭力的必然要求，是加快發展優質、高產、安全農產品生產，建設現代化農業的重要舉措。

3. 國外農產品檢測經驗與借鑑

歐盟食品（農產品）檢測標準概況。歐盟各國根據歐盟及本國的法律法規，對農產品實行嚴格的市場准入和監管，其主要措施之一就是依靠農業行政主管部門按行政區劃分和農產品品種類型設立的全國性、綜合性和專業性檢測機構，實施執法監督檢驗，僅丹麥國內就有 38 個農業部授權的農產品質檢機構。

美國農產品（食品）檢測概況。美國自然資源豐富，發展農業有著得天獨厚的優勢，長期以來是世界上最大的農產品生產國，同時也是世界上最大的農產品出口國。美國從 1914 年開始實施專業化種植、養殖業起，美國就建立了檢測體系和檢測方法，截至 1996 年 8 月，美國共制定了 9,635 項最高農藥殘留限量標準。

美國是世界上最早建立檢驗檢測體系的國家，其檢測體系和檢測方法已有 90 年的歷史，發展到今天已十分完善。

日本農產品檢測概況。日本農產品質量安全管理的重點是進口農產品和國產最

第三章　食品安全與國際貿易的相互影響

終農產品。對於進口農產品的抽檢率達 3%~4%，且檢測項目多、標準高，大米檢測項目從 20 項增加到 120 項，生鮮蔬菜農藥殘留限量必檢指標高達 217 項。而對出口農產品沒有規定檢測項目，只是根據進口國的要求進行檢測。對國內農產品的生產環節，主要通過對農藥等生產資料的登記和使用加強管理，把住源頭。

國外農產品檢測的經驗借鑑。農產品質量安全法律法規體系健全；農產品質量安全標準體系統一、配套、實用性強。

4. 對中國加強農產品檢測的建議和思考

(1) 完善管理機構。

建立統一的管理機構。中國現有的食品安全管理體制基本情況：中國的食品安全管理工作主要由國家食品藥品監督管理總局、公安部、農業部、商務部、衛計委、國家工商行政管理總局、國家質檢總局和海關總署 8 個部門共同負責。這些部門都向國務院報告工作且每個部門都有自己的具體結構和管理範圍。中國食品安全管理體制的基本特點是一個監管環節由一個部門負責。如農業部門負責初級農產品生產環節的監管，質檢部門負責食品生產加工環節的監管和一些食品的市場准入，工商部門負責食品流通環節的監管，衛生部門負責生產企業衛生許可和餐飲業衛生的監管，食品藥品監管部門負責對食品安全的綜合監管等工作。

加強源頭管理。為確保進出口貿易的發展和保護中國農牧漁業的發展，中國相關部門和機構應該對農產品檢測進行源頭管理。

將制定源頭監管計劃納入年度重點工作，並與相關部門組成聯合檢查組，對出口農產品的基地進行溯源監督檢查；加大備案管理力度，認真做好出口農產品加工用料的檢驗檢疫備案工作，同時督促農產品基地對農業戶登記編號、姓名、身分證、聯繫方式、情況進行記錄；加強疫病監控和衛生監管，保證農產品的質量；規範用藥管理，認真落實殘留監控計劃。

(2) 健全檢測體系。

完善法規體系。出抬《中華人民共和國農產品質量安全法》及配套法規，在法律法規中確立農產品檢驗檢測機構的地位，使其成為依法設置的專門技術機構；與此同時，不斷完善與農產品質量安全密切相關的《中華人民共和國動物防疫法》《農藥管理條例》《獸藥管理條例》和《飼料及飼料添加劑管理條例》等法律法規。要加強對法律法規的宣傳和實施情況的監督檢查，維護法律法規的權威性和嚴肅性。

清理標準和建立統一標準。儘管中國農產品標準化工作有較大進步，但在總體上，中國農產品質量與國外還有較大差距，標準水準落後，加之國外貿易技術壁壘的影響，相當大程度上阻礙了中國農副產品的出口。因此，對現行農產品標準的修訂也是刻不容緩的工作，就農產品標準的修訂提出以下建議：

檢測項目增加。在 2002 年上半年開始，歐盟採取更加嚴格的農藥殘留限量以檢測中國的茶葉，0.05mg/kg 的氰戊菊酯含量取代了原來的 10mg/kg，62 項的農藥殘留檢測取代了原來的 6 項；食物中硝基膚喃抗生素的容許值被瑞士降低，1μg/kg 取

中歐食品貿易案例解析

代了原有的 5μg/kg；針對出口的番茄醬，非轉基因證書被韓國、菲律賓與斯里蘭卡要求出具；針對出口的農產品，厭氧菌與平酸菌被英國要求檢測，不含有機磷、有機氮與人工色素的證書被沙特要求出具。隨著全球性農產品貿易競爭的激化，針對歐盟、英國等對進口中國農產品設置的綠色壁壘，政府應加大交涉力度及時應對。此外，中國應將進口農產品的准入門檻相繼提高，促進中國農產品國際競爭力的提升。

系統化與法律化標準。所謂系統化，指的是內在制約與連帶關係存在於從生產到加工和貿易（農場到餐桌）的每個環節，領域或部門不同，推行的標準也不相同，但是衝突並不明顯存在。所謂法律化，指的是制定並實施標準時，法律的內涵與保證要盡量賦予。

接軌國際先進的標準，細化要以本國或地區的具體情況為依據。以中國農產品多樣化特點為依據，使制定的標準與中國國情相適應。也要將中國與中國的標準展示給世人，從而對國際標準的制定產生影響，使之對中國有利。

（3）完善農產品檢測監控信息化系統。

從歐盟、美國、日本、加拿大等發達國家的經驗來看，20 世紀七八十年代主要是農藥殘留和獸藥殘留問題，現在則主要是農產品疫病以及農產品收穫、屠宰、加工、運輸、儲存中的致病菌。可以看出，要充分保障農產品檢測監控實施信息化管理的實施：對污染源的投入品監管；快速搜集和掌握檢測數據；建立農產品質量安全檢測監管體系。

因此，中國農產品出口企業要想在發達國家的市場上佔有一席之地，就必須提高農產品的質量，使之符合發達國家的技術標準。然而，這又會使生產成本上升，出口產品的價格相對進口的機器設備、原材料的價格而言有下降的趨勢，從而導致貿易條件惡化。此外，由於歐盟、美國、日本等國技術性貿易壁壘的存在，使中國本以出口的大量農產品受到阻礙，導致國內市場供求失衡，價格下跌。即便中國部分農產品能夠出口國際市場，其出口價格指數也會因技術性貿易壁壘的影響而下降，導致貿易條件惡化。2006 年，受日本及歐盟等國技術性貿易壁壘影響，中國出口企業直接損失和生產成本都大幅提高，中國企業為應對國外技術性貿易壁壘所增加的生產成本高達 262 億美元。其中，農產品行業是受影響最深的行業，35.98% 的農產品出口企業遭受了不同程度的影響，直接損失 43 億美元，中國農產品出口的貿易條件急遽惡化。據調查，中國受歐盟、美國、日本等國技術性貿易壁壘影響最重的農產品為水、畜、禽產品。技術性貿易壁壘對中國出口企業造成了減少國際市場份額、失去貿易機會、退出市場、損害企業信譽等不利影響。並使國外消費者對中國部分產品尤其是農產品食品信心下降，給中國農產品出口貿易帶來了長期的負面影響。

技術性貿易壁壘對出口國農產品出口的影響是雙重的。也就是說，短期內，這些技術性貿易壁壘會在數量、價格上抑制農產品出口，並使出口國的社會福利水準降低，在很大程度上損害出口國的經濟利益；從中長期來看，合理的技術性貿易壁

第三章　食品安全與國際貿易的相互影響

壘反而具有促進和激勵作用，它會引導農產品出口企業按照國際標準和法規進行生產，引進先進的技術和設備，不斷進行技術創新，提高產品質量，有利於產品的出口，使農產品出口企業的利潤上升，這對出口國農產品出口貿易的長期發展是有利的。隨著技術環節、法制化建設的不斷完善和時間的推移，技術性貿易壁壘的貿易促進效應會逐步顯現出來。我們應該看到技術性貿易壁壘的激勵作用，中國的農產品出口企業要努力加強和改進企業管理，掌握世界最新技術動向，重視工藝技術進步和創新，提高自身的生產技術和質量管理水準。

三、歐盟對中國食品通報的預警分析

據統計，2010年歐盟RASFF系統食品通報2,879例，食品接觸材料通報231例；其中對中國出口食品通報305例，占歐盟2010年食品通報總量的10.6%。食品接觸材料通報160例，占歐盟2010年食品接觸材料通報總量的69.3%，均高於其他國家和地區。與2009年同期比較，食品和食品接觸材料通報數量均出現不同程度的增長，其中食品同比增長29.7%，食品接觸材料同比增長20.3%。

近年來，國際上一些國家和地區頻繁發生食品安全惡性事件，歐盟的動植物疫情十分嚴重，使歐盟各國經濟和貿易蒙受了巨大損失，各國政府和歐盟的危機處理能力遭遇嚴峻挑戰。隨著中國經濟和社會的持續高速發展，在基本解決食品供應問題的同時，食品的安全衛生問題也越來越引起全社會的關注。

（一）歐盟食品通報的背景

在食品安全領域，歐盟對食品安全的風險管理策略一直是基於很高的標準，在歐洲經濟共同體成立之初，就把食品安全作為共同體的中心任務來對待。針對近年來歐洲食品危機及歐盟食品安全管理中的漏洞，歐盟目前對其運行了20多年之久的食品安全衛生制度進行改革，努力建立一個新的、綜合的、「從農場到餐桌」的食品安全管理框架。歐盟委員會在2000年1月12日發表的《食品安全白皮書》中，分析了原有的食品安全快速預警系統存在的缺陷，並提出建立新的食品和飼料快速預警系統，及時公布食品安全突發情況、確保消費者與貿易組織獲得適當的信息，並使該系統擴展到第三國，加強與其他國家的信息溝通，同時明確不同主體所應承擔的義務。

（二）數據來源及分析方法

1. 數據來源

數據來源於2006—2012年中國技術性貿易措施網站中關於歐盟對中國食品出口

中歐食品貿易案例解析

的通報,主要數據有每年各月份的被通報的食品數量以及每年的主要被通報食品的數量。

2. 分析方法

利用 Eviews 對中國 2006—2012 年的食品被通報事件的基本情況進行描述性分析,同時對每年各月份被通報食品的起數進行時間序列分析。其中 ARIMA 模型建模過程按 4 個階段進行:①序列的平穩性(stationarity),②模型識別(identification),③參數估計和模型診斷(estimation and diagnostic),④預測(forecasting)。

3. 事件起數分佈

由於從 2006 年到 2012 年各月份的數據過多,所以我將這 7 年間的各月份的數據進行了加總,總結出了 2006 年到 2012 年各季度歐盟對中國食品的通報數據。

根據中國技術性貿易措施網站中 2006 年到 2012 年歐盟對中國食品通報的情況(見表 3-7)可知,2012 年中國食品被通報總數為最高,2006 年為最低,其次是 2007 年。除此之外,由該表可以看出,每年中各季度所占的比例大都在 20% 到 30% 之間。其中 2006 年、2007 年、2008 年以及 2010 年的各季度所占比例更加穩定,2009 年、2011 年以及 2012 年的食品被通報比例相對不如前者穩定,有的比例在 20% 以下,有的在 30% 以上,但總的來說,大部分比例都集中在 20% 到 30% 之間。

表 3-7　　　2006—2012 年各季度歐盟對中國食品的通報數據表

季度	2006 年 起數	2006 年 比例(%)	2007 年 起數	2007 年 比例(%)	2008 年 起數	2008 年 比例(%)	2009 年 起數	2009 年 比例(%)	2010 年 起數	2010 年 比例(%)	2011 年 起數	2011 年 比例(%)	2012 年 起數	2012 年 比例(%)
1	89	28.62	112	27.25	111	20.29	110	30.99	122	27.73	112	23.43	126	21.88
2	73	23.47	100	24.33	156	28.52	77	21.69	117	26.59	118	24.69	124	21.53
3	84	27.01	105	25.55	127	23.22	100	28.17	96	21.82	90	18.83	188	32.64
4	65	20.90	94	22.87	153	27.97	68	19.15	105	23.86	158	33.05	138	23.96
合計	311	100	411	100	547	100	355	100	440	100	478	100	576	100

數據來源:中國技術性貿易措施網站。

4. 分佈圖

從圖 3-1 中可以看出,從 2006 年到 2008 年,中國食品以及其接觸材料被通報的起數呈逐漸上升的趨勢,到 2009 年有所下降,但從 2010 年起又開始回升。這是因為在此期間歐盟對中國實施的新貿易壁壘,大部分都是技術性貿易壁壘,我們應該對這種貿易壁壘進行正確看待以便於我們採取相應的措施。除此之外,我們應當看到,除了中國和歐盟國家之間的貿易中的政治因素之外,技術性貿易壁壘是各個國家之間不平等發展的結果,通過比較發達國家與發展中國家之間的發展水準,我們可以明顯地看出他們之間仍然存在較大的差距,特別是在科技發展水準方面存在著相當大的的差距,導致發展中國家和發達國家之間在食品安全出口的要求上也存

第三章　食品安全與國際貿易的相互影響

在著差異，雙邊之間的貿易要求就會發生不對稱的情況。

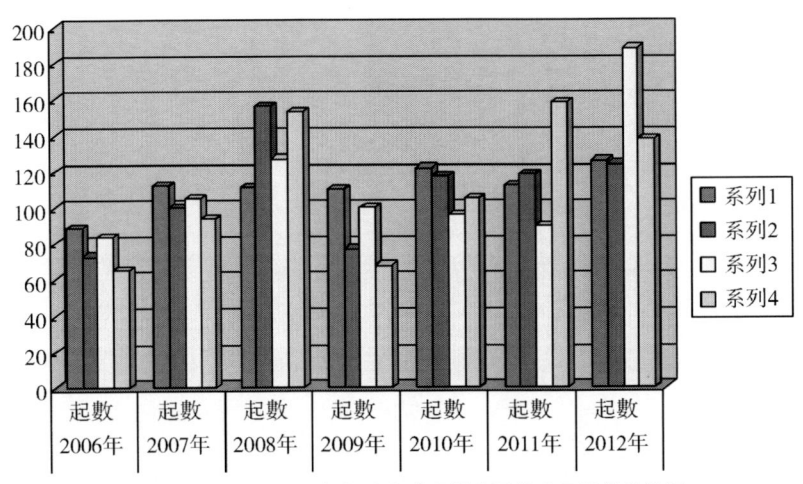

圖 3-1　2006—2012 年各季度歐盟對中國的食品通報分佈圖

歐盟的技術性貿易壁壘對中國的效應是雙方面的，就像一把雙刃劍，既有正面的又有負面的。歐盟的預警體系有利於中國食品出口企業以及廠家等供銷商不斷地改進和完善他們的技術含量，同時也可以促進產業對結構進行一些調整和規劃；有利於中國有關於食品安全法規的建立與完善；同時對於消費者來說，可以使得消費者改變一些對食品的消費觀念；最後，主要是對於企業和供銷商的影響，最關鍵的還是提高企業和食品類商品的供銷商的責任意識，確保他們對社會和消費者負責。負面效應主要是指中國因歐盟技術性貿易壁壘限制而產生的損失。

(三) 實證分析

對 2006—2012 年各月份中國食品類商品出口的被通報起數的數據進行差分變換，根據月份差分變換結果，確定模型形式為 ARIMA $(p, 0, q) \times (P, 0, Q)_{12}$，其中 p, q 和 P, Q 是待定的參數，分別表示時間序列模型和季節模型中的自迴歸項和移動平均項。12 表示月份模型以 12 個月為週期。通過 ADF 檢驗，d 值取 0，見表 3-8。

表 3-8　　　　　　　　　　不同的 p, q 值的 AIC 信息

p	1	1	1	2	2	2
q	0	1	2	0	1	2
AIC	7.65	7.63	7.81	7.66	7.72	7.60

1. 模型的確立

利用對數似然函數值、AIC 及 SBC 等統計量作為模型選擇準則，從多個 ARIMA

$(p, 0, q)$ 模型中進行優選：當 $p=1$，$q=0$ 時，AIC 為 7.65；當 $p=1$，$q=1$ 時，AIC $=7.63$；當 $p=1$，$q=2$ 時，AIC $=7.81$；當 $p=2$，$q=0$ 時，AIC $=7.66$；當 $p=2$，$q=1$ 時，AIC $=7.72$；當 $p=2$，$q=2$ 時，AIC $=7.60$。AIC 指赤池信息準則，這個參數越小就代表所做的模型越好，所以選出最優模型 ARIMA $(2, 0, 2)_{12}$ 建立方程。

2. 預測

利用所建模型對 2006 到 2012 年各月份中國食品被通報起數的實際值和預測值進行比較，其中 2012 年中各月份食品通報數的實際值與預測值比較見表 3-9。

表 3-9　　　　2012 年中各月份食品通報數的實際值與預測值比較

時間	預測值	預測值上限	預測值下限	實際值	殘差	相對誤差（%）
2012-01	45	50	25	39	6	15.38
2012-02	20	35	20	31	11	35.48
2012-03	50	60	50	56	6	10.71
2012-04	44	55	30	37	7	18.92
2012-05	60	65	40	48	12	25.00
2012-06	20	40	20	39	19	48.72
2012-07	77	80	60	64	13	20.31
2012-08	55	60	40	48	7	14.58
2012-09	64	80	60	76	12	15.79
2012-10	29	40	20	38	9	23.68
2012-11	66	70	50	51	15	29.41
2012-12	55	55	45	49	6	12.24

由表 3-9 可知，2012 年每個月的實際值均處於預測值 95% 區間範圍內，符合程度較好；然而 2012 年三月份預測的相對誤差較小為 10.71%，且大部分的月份相對誤差都處於 30% 之內，只有二月份和六月份的相對預測誤差較大。

根據 ARIMA $(2, 0, 2)_{12}$ 的預測值及 95% 的預測區間，同時與 2012 年各月份中國食物被通報數的真實值進行比較，對比結果見圖 3-2。

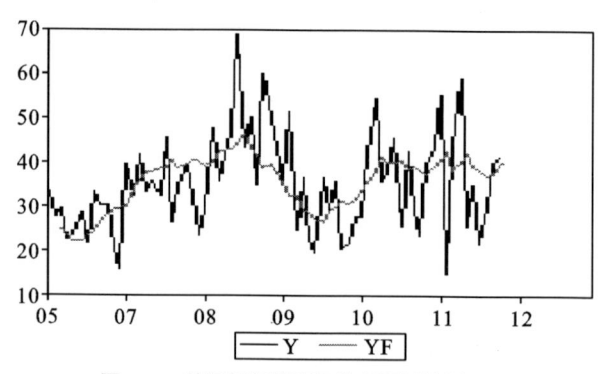

圖 3-2　被通報起數實際值與預測值對比圖

第三章　食品安全與國際貿易的相互影響

從圖 3-2 可以看到，模型的擬合值與實際值的變動具有較好的一致性，同時殘差較為平穩，是白噪聲，說明模型通過了適用性檢驗，可以選擇此模型。

由以上的結果可知，該模型適合對下一年的食品類商品的被通報起數進行預測。因此，中國政府以及相關部門可以根據對食品類商品出口的預測結果，快速建立預警機制，及時瞭解和掌握出口食品的安全問題，加強防範措施，提高警惕，保障未來中國出口企業的良好信譽。

除此之外，在所有的出口食品的種類中，以花生類食品的出口被通報起數最多，其中由於一些月份中的數據為零，所以我統計出了該商品從 2007 年到 2012 年的年度被通報起數，具體情況見表 3-10。

表 3-10　　　　　　花生類商品出口的被通報的年度數據

商品種類	2007 年	2008 年	2009 年	2010 年	2011 年	2012 年
花生類商品	58	70	60	75	76	62

據歐盟食品和飼料類快速預警系統（RASFF）通報查詢的數據表明，中國應該盡快找出方法，減少對該種產品的被通報起數並確保花生類商品的安全出口。

除此之外，食品接觸製品的數量也在逐年增多，綜合 2010 年 RASFF 系統 52 周的通報情況分析，食品接觸製品共計 107 項，其中金屬製品 50 項，占食品接觸製品總數的 46.7%；塑料製品 46 項，占比例 43.0%；陶瓷製品 6 項，占 5.6%；玻璃製品 5 項，占 4.7%。因此對原料的管理是關鍵因素，企業應建立起相應的措施，對關鍵原材料質量進行定期檢查，並定期對其原輔材料做相關的檢測。

（四）歐盟食品預警體系以及中國食品安全的改進措施

1. 歐盟食品預警體系

歐盟的 RASFF 系統是一個運轉良好、反應迅速的食品安全信息預警系統，在食品安全問題越來越受到關注的今天，RASFF 系統為提前發現潛在的風險，採取適當措施避免食品安全事故，保護消費者生命和健康提供了信息保障和依據。深入研究 RASFF 系統，對構建中國的食品安全體系很有借鑑意義。

（1）RASFF 系統的建立和運作有著完善的法律依據。歐盟《食品安全白皮書》中明確了要建立新的預警系統，中國要建立健全食品安全控制保障體系，也應該首先從立法入手，把對食品安全的預警機制與食品安全法規和公共政策有機整合，這樣才能更好地發揮預警系統的作用。

（2）RASFF 系統是一個基於「信息」的預警系統，整個系統的運行包括信息的收集、提供、傳遞、評估、發布、跟蹤和反饋等。中國目前缺乏一個完整統一的食品安全信息網絡，這將影響信息的有效傳遞和共享，難以對潛在風險和突發事件形成預警和快速反應。同時，在面對國外食品安全領域的技術貿易壁壘時也往往顯得

中歐食品貿易案例解析

被動。因此，迫切需要建立有關檢測食品類商品安全的網站，以便於根據檢測結果，建立快速預警機制。

（3）RASFF 系統的高效率的營運，離不開多個部門和所有成員國的一致合作。從中國的國情和食品安全的現實情況看，中國的食品安全體系也是時候組建多部門的全國統一協作系統，統一組織、協調、管理與食品安全有關的工作，實施協調一致的立法、監控、檢測、執法、科研、教育等計劃，對「從農場到餐桌」的各個環節進行嚴格的管理，共同構建一個完善的食品安全保障體系，切實保護消費者的健康和安全。

2. 中國食品安全的改進措施

建議中國建立相似的快速預警體系，在各口岸設立聯網信息點，及時瞭解和掌握進口動植物和食品的安全情況和信息。以風險評估為科學基礎，以檢測技術為評價和控制食品污染的主要手段，建立快速預警應急系統。政府機關應該按照歐盟食品安全系統，以最快的速度健全並完善中國食品及農產品安全預警系統，從而增強整個食物鏈條的綜合管理能力，注重各個系統的合作性與相互配合性，對食物鏈所有有關環節加強監管，把食品質量安全的理念貫徹到底。然後加強法規體系更新和完善速度，逐步與國際接軌。食品生產者除了食品的生產加工要符合進口國的要求，產品的出口程序也應當走正當途徑。這不僅是對消費者的保護，也是對企業樹立良好信譽的要求。

食品是人類賴以生存的物質基礎，食品安全問題是關係到民生與社會穩定及經濟發展的重大問題。由於目前中國的食品質量安全保障體系不夠完善，食品安全質量狀況及整體水準令人擔憂，距離國際水準還相差較遠。而歐盟國家一直將食品安全問題作為政府工作的重點之一，為此歐盟加強了對食品安全的控制，逐步建立了新的歐盟食品安全管理體系。「民以食為天，食以安為先。」人類離開食品不能生存，食用安全的食品不僅可以增進健康，更是一個基本的人權問題。食品是人類賴以生存和發展的物質基礎，食品安全問題是關係到人體身心健康和國民生計的重大問題。因為食品安全問題對消費者的身體健康以及中國的食品貿易出口有著直接的關係，所以，我們必須高度重視這一問題。我們都知道，歐盟是全球最大的貿易市場之一，也是重要的消費品需求市場，而中國又是最大的食品出口國之一，隨著經濟一體化的不斷進展，食品經濟的一體化也在不斷地加強。歐盟運用食品飼料快速預警機制，將食品安全問題及時在成員國進行通報，並且採取有效積極的方法是為了確保全社會的消費者的飲食安全。本書闡述了歐盟食品飼料快速預警機制近些年來的基本狀況以及中國出口食品到其他國家（主要是歐盟）的被通報起數的變化情況，這便於中國借鑑歐盟的先進經驗並且對於中國在這方面的發展具有帶動作用。

第三章　食品安全與國際貿易的相互影響

四、歐盟技術貿易壁壘對中國出口商品的影響

　　近年來，全球經濟貿易大環境的惡化導致國際貿易摩擦增多，而發達經濟體憑藉其技術和產品質量等優勢，在質量安全標準、技術法規和技術認證制度等方面出抬了多項技術貿易措施。與反傾銷、反補貼、關稅、許可證等傳統的貿易保護措施相比，技術性貿易措施更具隱蔽性和一定程度的合理性。

　　自從產生技術性貿易壁壘以來，世界各國都在不斷地利用其為本國貿易服務。由於發達國家擁有較高的經濟發展水準和較為發達的對外貿易，當前世界上主要發達國家和地區已經逐步形成了相當成熟的技術性貿易壁壘法律應對機制和法律體系。而且，技術壁壘以其隱蔽性和一定程度的合理性受到美國、日本、韓國和歐盟等國家和地區的「青睞」。歐盟動物福利新規、日韓罐頭檢測新標準和東南亞水果新規都對中國食品出口產生了重大影響。

　　例如，歐盟於2013年1月1日實施的《歐盟動物屠宰保護條例》，從動物運輸、待宰/暫養、驅趕、擊昏、屠宰、放血和第三國輸歐附加證明等方面提出了具體執行和糾偏要求，並設置了關鍵環節參數，對屠宰企業獲得歐盟註冊資格、政府主管機構、行業協會和企業職責等方面做出了具體規定。

　　從2012年開始，日韓對罐頭的商業無菌監測在國際通行做法基礎上進行二次微生物培養，且培養基使用的是硫乙醇酸鹽流體。各國將這種培養基用作藥品無菌檢驗，可用於檢測需氧菌和厭氧菌。

　　2012年，歐盟、美國、加拿大、日本、韓國扣留（召回）中國不合格消費類產品總計1,722批次，相比2011年，同比增加了20.34%，呈上升趨勢。從表3-11中可以看出，歐盟和美國作為中國的最大貿易夥伴，伴隨出口量的增加，中國出口到

表3-11　　　2012年歐盟、美國、加拿大、韓國、日本扣留（召回）
中國不合格消費類產品情況

出口國家/組織	2012年	
	扣留（召回）批次	所占比例
歐盟	1,323	76.83%
美國消費品安全委員會	175	10.17%
加拿大衛生部	137	7.96%
韓國食藥廳	45	2.62%
日本厚生勞動省	42	2.44%
總計	1,722	100%

資料來源：中國技術性貿易措施網《2012年國外扣留（召回）中國出口產品情況分析報告》。

中歐食品貿易案例解析

這些國家和地區的產品被扣留（召回）的批次也是最多的。其中，歐盟扣留（召回）消費類產品共計 1,323 批次，占消費類產品被召回總批次的 76.83%；之後依次為美國、加拿大、韓國和日本，被扣留（召回）產品批次的占比分別為 10.17%、7.96%、2.62%和2.44%。

就目前各國出抬的食品新規而言，多數以「正常規定」的名義出抬，按照 WTO 規則，其不能僅針對某個國家的進口產品，而要對所有國家進口產品及其國內產品一視同仁。但此類措施的使用權和主動權完全掌握在進口國，當其想要抑制某國某種出口產品時，這些「正常規定」就變成「隱性技術壁壘」，成為進口國手中揮舞的「殺手鐧」。

為了重構和完善我們國家的技術貿易壁壘體系，瞭解技術性貿易壁壘體系的發展規律，為我們國家有關機構提供借鑑，就有必要對發達國家和地區的技術貿易壁壘和應對機制進行研究。其中，因為歐盟、美國和日本與中國貿易關係比較密切，所以本章以歐盟、美國和日本為研究對象，分析他們的技術性貿易壁壘法律體系及應對國外技術性貿易壁壘的措施，為我們國家對外貿易的發展提供借鑑。在此基礎上，我們也對印度尼西亞等部分發展中國家的技術性貿易壁壘的形成和發展進行了詳細論述，以更好地為中國對外貿易的開展打下良好的基礎。

（一）歐盟技術性貿易壁壘法律體系

世界上最早使用技術性貿易壁壘的地區組織便是歐盟，同時，歐盟也是世界上技術性貿易壁壘體系最完善的地區之一。由於歐盟各成員國科技發展水準高，經濟起步早，各成員國國內法律體系也很完備。因此歐盟對外貿易的技術標準水準較高，同時技術法規也較為健全。目前，從總體上看，歐盟形成了較為完備的技術貿易壁壘體系。歐盟技術性貿易壁壘法規主要是歐盟理事會和歐盟委員會依據 4 個基礎條約制定的各種規範性法律文件，主要形式有指令（Directives）、條例（Regulations）和決定（Decisions），其中以指令為主。歐共體理事會於 1985 年發布了《關於技術協調和標準化的新方法的決議》，該決議規定，只有在與人體健康、產品安全、消費者權益保護等有關的情況下才制定相關的指令，歐盟發布的指令對所有成員國都具有強制約束力，成員國必須制定相應的國內法律法規來執行法令的內容。因為指令只是規定了大體的基本要求，具體的要求通過技術標準來規定。歐盟技術標準的適用有很大的靈活性，這是由技術標準本身的特點決定的。廠商根據市場情況可以採用歐洲標準，也可以採用國際標準。

歐盟的絕大多數技術法規基本上是以指令的形式發布，只有少數輔之以條例或決定形式發布。較之指令，條例則具有條約實施細則的性質，無須成員國轉換為國內法，法定日期生效後各成員國可直接實行，具有較強的普適性，能夠約束所有成員國；決定相對來說效力較弱，也沒有普適性，只適用於特定、個別、具體的案例，

第三章　食品安全與國際貿易的相互影響

可以是針對某個或某些特定成員國，也可以是特定的企業、個人或是某商品。歐盟很注重技術法規的與時俱進，每年都在修改、增補、更新技術法規。歐盟技術標準一方面是執行指令的基本要求，另一方面則是用來彌補指令規定的空白。前文中我們提到，歐盟技術標準只有在與產品安全、人體健康、消費者權益保護等有關的情況下才制定，其並沒有規定具體的執行措施，也沒有詳細介紹具體的技術細節，而是由技術標準來規定具體的要求。一般認為，歐盟技術標準可分為歐盟技術標準和成員國技術標準。歐盟技術標準是歐洲層面統一的技術標準，一般是由歐洲區域標準化組織制定、頒布；成員國技術標準是歐盟各成員國自己國內的技術標準，如英國、法國、德國等國家都有自己的技術壁壘法律體系，其體系內有相當數量的技術標準。這兩種標準在歐盟各國可以由成員國自己選擇使用。一般來說，標準的採用通常是自願的，但是由於歐洲各國的廣泛認同和進口商們強烈的安全及自我保護意識，不符合標準的產品很難進口到歐盟市場。

　　近年來，歐盟一直在加速制定保障人身健康和生命安全、保護消費者利益和環境的歐洲標準，不斷地對原有體系進行增補、改善；繼續大力推進區域一體化，使統一的歐盟標準竭力轉化為各成員國國內的標準。同時，歐盟各成員國的國家技術標準的透明度很高，不但能方便其他成員國查詢、瞭解，而且可以隨時發現問題並加以完善。歐盟的合格評定程序與技術標準一樣，不但歐盟各成員國有自己的一套執行標準和程序，而且歐盟還制定了統一的合格評定程序體系，並且這兩個體系聯繫緊密。非歐產品要進入歐盟市場必須滿足三個條件：首先，要符合歐洲協調標準「EN」，取得歐洲標準化委員會「CE」認證標志。其次，如果產品涉及人身安全，則出口商須獲得安全認證標志「CE」。值得一提的是，「CE」標志在歐盟具有強制適用的性質，除了非歐產品，歐盟區域內的產品也必須加貼「CE」標志才能在歐盟市場上得到普遍認可。最後，產品廠商要進入歐盟市場須取得ISO9000合格證書，以表明生產企業的質量體系符合歐盟的要求。這些制度、標準對中國出口的農產品有著十分嚴格的要求。歐盟食品和飼料快速預警系統（RASFF）是根據歐共體條例178/2002號建立的，該條例為歐盟的食品法規制定了一般性原則和要求，建立了歐洲食品安全機構並規定了食品安全事務的管理程序。

　　其中，歐盟RASFF對華食品通報近期增速較快。2006年至2011年9月，歐盟RASFF對中國產品共發布2,316項通報，比1980—2005年對華產品通報數（860項）增長169.3%。2006—2008年，RASFF對華產品通報數呈現上升態勢，並於2008年達到歷史最高，共500項。2008年之後，RASFF對華產品通報數略有下降，但除2009年外，其餘年份的通報數均超過年度平均通報數，仍維持高位。

　　例如，根據歐盟食品和飼料委員會發布的2012年第39—43周（連續一個月）通報，共205項，針對中國輸歐產品36項（不包括對香港地區和臺灣地區的通報），佔歐盟通報總數的17.56%。2012年11月12日，歐盟食品和飼料委員會發布了2012年第40周通報，共46項，見表3-12。其中，針對中國輸歐產品11項（不

中歐食品貿易案例解析

包括對香港地區和臺灣地區的通報），占歐盟通報總數的 23.9%。

表 3-12　　　　2012 年第 40 周歐盟委員會對華進口通報

1. 對華預警通報

通報時間	通報國	通報產品	編號	通報原因	措施
2012-10-01	英國	公勺	2012.1378	初級芳香胺的遷移（0.097mg/kg-ppm）	尚未獲得銷售信息/無措施

2. 對華信息通報

通報時間	通報國	通報產品	編號	通報原因	措施	備註
2012-10-01	英國	冷凍鳳尾魚（large chilled dried anchovies）	2012.1379	過高的鎘含量（1.01mg/kg-ppm）	銷售限於通報國/拒絕進口	信息關注
2012-10-02	英國	尼龍笊籬	2012.1394	初級芳香胺的遷移（8880；301；164μg/kg-ppb）	銷售限於通報國/撤出市場	信息關注
2012-10-04	英國	干枸杞	2012.1401	未申報的亞硫酸鹽（5,9,23,38,109,120mg/kg-ppm）	銷售至其他國家/召回	信息關注
2012-10-05	義大利	刀具	2012.1402	鉻物質遷移（5,40mg/kg-ppm）	銷售限於通報國/撤出市場	信息關注

3. 對華拒絕進口通報

通報時間	通報國	通報產品	編號	通報原因	措施
2012-10-01	荷蘭	蝦卵面（shrimp egg No.odles）	2012.BYI	過高的鋁含量（15.6mg/kg-ppm）	無銷售/拒絕進口
2012-10-01	葡萄牙	藻類	2012.BYJ	過高的鋁含量（153mg/kg-ppm）	無銷售/銷毀
2012-10-01	葡萄牙	藻類	2012.BYK	過高的鋁含量（272mg/kg-ppm）	無銷售/銷毀
2012-10-01	葡萄牙	藻類	2012.BYL	過高的鋁含量（280mg/kg-ppm）	無銷售/銷毀
2012-10-02	荷蘭	麵條	2012.BYT	非法轉基因（CrylAb/CrylAc）	無銷售/官方扣押
2012-10-03	義大利	廚房用具	2012.BYV	過高的遷移總量（350.15mg/dm^2）	無銷售/拒絕進口

資料來源：中國技術性貿易措施網，http：//www.tbt-sps.gov.cn；歐盟食品和飼料委員會對華通報（2012 年第 40 周）。

歐盟仍然在不斷地制定並通過關於農產品的新的技術標準和法規。2012 年 10 月 1 日，歐盟委員會通過兩部新的關於食品調味劑的法規——（EU）No. 872/2012 和（EU）No. 873/2012。此次通過的兩部法律在歐洲統一大市場內對食品添加劑進行明確分類，強化食品添加劑安全性並提高其透明度。（EU）No. 872/2012 包含一個新的可以在食品中使用的調味劑肯定清單，這一法規於 2012 年 10 月 22 日生效，自 2013 年 4 月 22 日開始實施。肯定清單列出了歐盟範圍內所有可以使用的食品添加劑，只有列入肯定清單中的添加劑才可以在食品工業中使用，所有沒有列入肯定清單的食品調味劑都將在 18 個月的過渡期後被完全禁止。新的肯定清單包含 2,100

第三章 食品安全與國際貿易的相互影響

種可合法使用的添加劑，還有 400 種在歐盟食品安全監管局審查完畢之前將繼續在市場流通。(EU) No. 873/2012 則對其他調味劑例如用非食品原料制成的調味劑，提供了過渡性措施，以便於隨後進行評估和授權，該法規自 2012 年 10 月 22 日生效使用。因此，中國企業要時刻關注歐盟的動態，積極採取有效措施，減少不必要的損失。

(二) 中國農食產品遭遇技術性貿易壁壘概況——以 2012 年為例

2012 年，共收集到美國、日本、歐盟、韓國和加拿大相關機構扣留 (召回) 中國出口不合格農食產品類 1,787 批次，較 2011 年的 1,628 批次增加了 159 批次，見表 3-13。其中，美國食品和藥品管理局扣留中國不合格農食產品類批次最多，達 756 批次，較 2011 年的 620 批次增長了 136 批次；其次為歐盟食品和飼料委員會，召回 333 批次，基本上與 2011 年的 332 批次持平；韓國農林部下屬國立獸醫科學檢疫院扣留 270 批次，較 2011 年的 307 批次減少了 37 批次；日本厚生勞動省扣留 196 批次，較 2011 年的 213 批次減少了 17 批次；加拿大食品檢驗署召回 57 批次，較 2011 年的 85 批次減少了 28 批次；韓國食品藥物管理局扣留 175 批次，較 2011 年的 71 批次增加了 104 批次。

表 3-13　2011 年和 2012 年中國出口農食產品類被扣留 (召回) 情況

發布國家/組織	發布機構	2011 年	2012 年	增長情況
美國	美國食品和藥品管理局	620	756	136
歐盟	歐盟食品和飼料委員會	332	333	1
韓國	韓國農林部下屬國立獸醫科學檢疫院	307	270	-37
日本	日本厚生勞動省	213	196	-17
加拿大	加拿大食品檢驗署	85	57	-28
韓國	韓國食品藥物管理局	71	175	104
總計		1,628	1,787	159

資料來源：根據中國技術性貿易措施網《2012 年國外扣留 (召回) 中國出口產品情況分析報告》編製。

1. 產品類別分析

2012 年，美國、日本、歐盟、韓國和加拿大相關機構扣留 (召回) 中國出口不合格農食產品類 1,787 批次，如圖 3-2 所示，其中位列前三位的產品為：水產及製品類 347 批次，較 2011 年的 433 批次減少了 86 批次；蔬菜及製品類 255 批次，較 2011 年的 211 批次增加了 44 批次；肉類 224 批次，較 2011 年的 239 批次減少了 15 批次；其他產品被扣留 (召回) 情況見圖 3-3。

中歐食品貿易案例解析

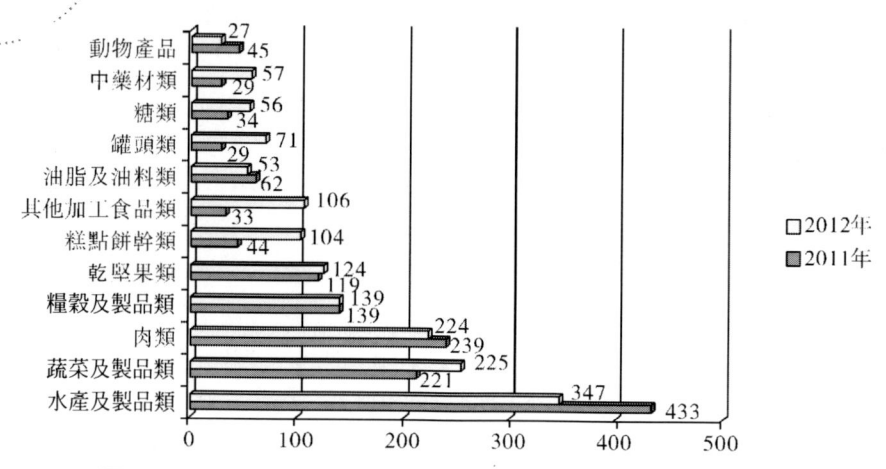

图 3-3 2011 年和 2012 年中國出口農食產品類被扣留（召回）產品種類

資料來源：根據中國技術性貿易措施網《2012 年國外扣留（召回）中國出口產品情況分析報告》繪製。

2. 原因分析

2012 年，美國、日本、歐盟、韓國和加拿大相關機構扣留（召回）中國出口不合格農食產品類 1,787 批次，扣留（召回）原因（見圖 3-4）位列前三位的是：品質不合格 306 批次，較 2011 年的 296 批次增加了 10 批次；農獸藥殘留不合格 268 批次，較 2011 年的 261 批次增加了 7 批次；非食用添加物 248 批次，較 2011 年的 72 批次增加了 176 批次。

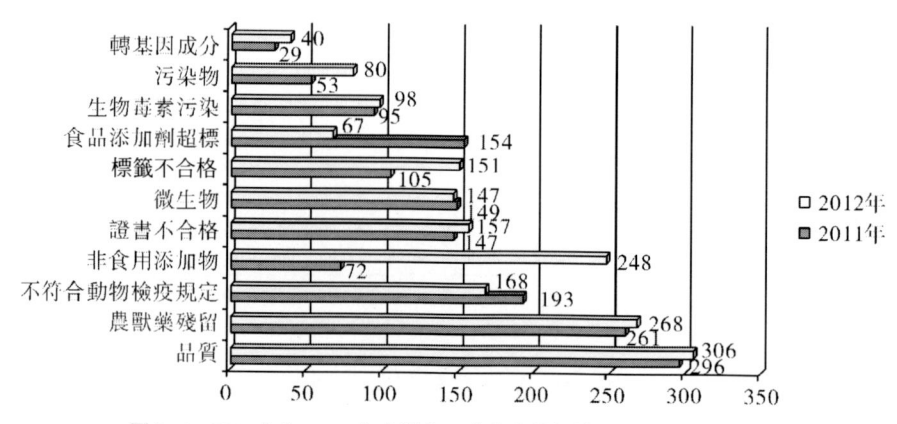

圖 3-4 2011 年和 2012 年中國出口農食產品類被扣留（召回）原因

資料來源：根據中國技術性貿易措施網《2012 年國外扣留（召回）中國出口產品情況分析報告》繪製。

2012 年中國出口不合格農食產品類被扣留（召回）的原因具體是：水產品及其製品被扣留（召回）的主要原因是品質不合格、微生物污染和農獸藥殘留不合格，其中：由於品質不合格被扣留（召回）的產品 111 批次，較 2011 年的 170 批次減少了 59 批次；由於微生物污染被扣留（召回）的產品 64 批次，較 2011 年的 68 批次

第三章 食品安全與國際貿易的相互影響

減少了 4 批次；由於農獸藥殘留不合格被扣留（召回）的產品 46 批次，較 2011 年的 123 批次減少了 77 批次；由於含有非食用添加物被扣留（召回）的產品 38 批次，較 2011 年的 2 批次增加了 36 批次。蔬菜及製品類被扣留（召回）的主要原因是農獸藥殘留不合格、品質不合格、微生物污染和食品添加劑超標，其中：由於農獸藥殘留不合格被扣留（召回）的產品 81 批次，較 2011 年的 71 批次增加了 10 批次；由於品質不合格被扣留（召回）的產品 70 批次，較 2011 年的 26 批次增加了 44 批次；由於微生物污染被扣留（召回）的產品 35 批次，較 2011 年的 24 批次增加了 11 批次；由於食品添加劑超標被扣留（召回）的產品 21 批次，較 2011 年的 43 批次減少了 22 批次。

2012 年中國出口水產品及其製品中被扣留（召回）批次最多的產品為魚產品，被扣留（召回）的主要原因是品質不合格；蔬菜及製品類被扣留（召回）批次最多的產品為蔬菜及製品，被扣留（召回）的主要原因是農獸藥殘留不合格；肉類被扣留（召回）批次最多的產品為禽肉及其製品，被扣留（召回）的主要原因是證書不合格。下面主要對歐盟對中國採取的技術性貿易壁壘概況進行闡述。

（三）歐盟食品和飼料委員會召回中國出口不合格農食產品情況
——以 2012 年為例

1. 產品類別分析

2012 年，歐盟食品和飼料委員會召回中國出口不合格農食產品 333 批次，基本上與 2011 年的 332 批次持平。其中，位列前三位的產品為：糧谷及製品類 68 批次，較 2011 年的 76 批次減少了 8 批次；干堅果類 48 批次，較 2011 年的 63 批次減少了 15 批次；油脂及油料類 29 批次，較 2011 年的 45 批次減少了 16 批次。

2. 原因分析

2012 年歐盟食品和飼料委員會召回中國出口不合格農食產品 333 批次，其中，召回原因位列前三位的是：生物毒素污染 68 批次，較 2011 年的 71 批次減少了 3 批次；農獸藥殘留不合格 66 批次，較 201,1 年的 25 批次增加了 41 批次；轉基因成分 38 批次，較 2011 年的 28 批次增加了 10 批次。被召回的其他原因見圖 3-5。

2012 年歐盟食品和飼料委員會召回中國出口不合格農食產品類原因主要是：糧谷及製品類被召回的主要原因是含有轉基因成分和污染物超標，其中：由於含有轉基因成分被召回的產品 33 批次，較 2011 年的 27 批次增加了 6 批次；由於污染物超標被召回的產品 22 批次，較 2011 年的 34 批次減少了 12 批次。干堅果類被召回的主要原因是生物毒素污染和品質不合格，其中：由於生物毒素污染被召回的產品 39 批次，較 2011 年的 23 批次增加了 16 批次；由於品質不合格被召回的產品 5 批次，較 2011 年的 28 批次減少了 23 批次。油脂及油料類被召回的主要原因是生物毒素污染，由於生物毒素污染被召回的產品 25 批次，較 2011 年的 39 批次減少了 14 批次。

中歐食品貿易案例解析

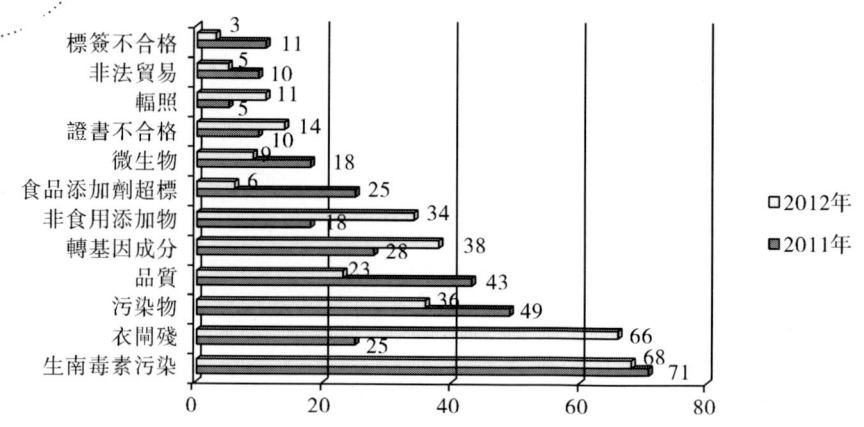

图 3-5 2011 年和 2012 年歐盟食品和飼料委員會召回中國出口不合格農食產品原因

原因	2011年	2012年
標籤不合格	11	3
非法貿易	10	5
輻照	11	5
證書不合格	14	10
微生物	18	9
食品添加劑超標	25	6
非食用添加物	34	18
轉基因成分	28	38
品質	23	43
污染物	36	49
农獸殘	66	68
生物毒素污染	25	71

資料來源：中國技術性貿易措施網《2012 年國外扣留（召回）中國出口產品情況分析報告》。

由此可見，2012 年中國出口糧谷及製品類中被歐盟召回批次最多的產品為糧食製品，被召回的主要原因是轉基因成分和污染物超標；乾堅果類被召回批次最多的產品為乾果，被召回的主要原因是生物毒素污染。

3. 出口警示

2011 年和 2012 年，歐盟食品和飼料委員會召回中國部分出口不合格農食產品批次變化比較明顯，需要特別注意的是：

（1）糧谷及製品類由於含有轉基因成分被召回的批次有所增加，由於污染物超標被召回的批次顯著減少。

（2）乾堅果類被召回 48 批次，較 2011 年的 63 批次下降 15 批次，其中由於生物毒素污染被召回的批次明顯增加，由於品質不合格被召回的批次明顯減少。

（3）油脂及油料類被召回 29 批次，較 2011 年的 45 批次下降 16 批次，其中由於生物毒素污染被召回的批次明顯減少。

（4）水產及製品類由於不符合儲運規定被召回的批次明顯增加。

（5）茶葉類被召回 35 批次，較 2011 年的 5 批次增加 30 批次，其中由於農獸藥殘留不合格被召回的批次明顯增加。

# 第四章　歐盟食品安全法規下的食品貿易案例分析

● 一、歐盟食品安全事件

從 20 世紀末到 21 世紀初，歐盟是全球食品安全危機高發地區之一，瘋牛病牛肉、李斯特桿菌肉製品、變質飲料和受污染巧克力等事件層出不窮，嚴重暴露了歐盟食品安全政策的缺陷。

（一）接連不斷食品安全危機

首先要提的就是曾經震驚世界的瘋牛病引發的病牛肉危機事件。1986 年，英國就開始發生瘋牛病。1996 年 3 月，英國政府宣布新型克雅氏病患者與瘋牛病有關，整個英國乃至歐洲「談牛色變」，短短幾個月中，歐盟多個國家的牛肉銷售量下降了 70%。2001 年，新一輪瘋牛病相繼在法國、德國、比利時、西班牙等國發生，歐盟各國的牛肉及其製品銷售遭受重創，35 萬名工人失業，政府為此承受每年上百億歐元的經濟損失。瘋牛病不僅影響了歐洲居民的食品安全和生活消費習慣，還製造了嚴重的公共衛生危機，英國、法國、荷蘭、西班牙和葡萄牙等國相繼發現該病傳染患者，並不斷出現死亡病例，僅在英國就有 120 多人死於該病。由於該病發病潛伏期較長，有專家預測此後 10~30 年受此影響的死亡人數會成倍增長。

1999 年，比利時維克斯特飼料公司把被二噁英污染的飼料出售給上千家歐洲農場和家禽飼養公司，造成歐盟生鮮肉類和肉類深加工產品的重大污染，整個歐洲陷入極大恐慌之中，包括美國在內的許多國家都禁止從歐盟進口肉類產品。然而，一

中歐食品貿易案例解析

波未平，一波再起。比利時150多名兒童因喝了受污染的灌裝可口可樂而出現嚴重不適症狀，盧森堡、荷蘭也發現了類似的問題飲料，三國政府下令撤下所有正在銷售的可口可樂；2000年年初，法國古德雷食品公司生產的熟肉醬和豬舌中發現含有致命的李斯特菌；2001年9月，英國和愛爾蘭等國相繼爆發了口蹄疫，危機持續了11個月，歐盟國家肉類市場全面萎縮，飼養戶和商場損失慘重，消費者再次陷入恐慌中；之後，英國再次受到口蹄疫情威脅；2006年，世界著名巧克力食品企業英國吉百利公司因管道洩露導致清潔設備污水污染了巧克力，使42人因食用被沙門氏菌污染的巧克力而發生食物中毒，公司緊急在歐盟和全球範圍內召回上百萬塊巧克力。

（二）食品安全危機頻出原因分析

標榜擁有世界上最嚴格食品安全制度的英法等西歐發達國家，為何會頻頻出現食品安全危機呢？在危機爆發後，又為何不能有效控制危機、最大限度地減少損失？災難過後，歐盟委員會和成員國政府進行了深刻的反思與檢討，公眾也以空前熱情參加了討論。幾次食品安全危機的表面原因在於歐盟國家現有的食品安全監督措施出現了漏洞，原有的制度只關注終端上市產品，嚴重忽視了產品的原料安全、動物自身防疫安全和生產過程安全。但深層次分析，是歐盟的食品安全政策和體制出現了問題，最終導致食品安全事件頻頻爆發，從小事故演變成大危機。

歐盟食品安全體制存在的主要問題在於：

1. 歐盟缺乏一部所有成員國必須共同遵守的食品安全政策法規

危機爆發時，各成員國都按照本國的食品安全法律處置，歐盟委員會由於職權領域範圍的限制和缺乏行之有效的政策指導工具，根本無法、也無力採取任何實質性措施，導致歐盟內部出現各成員國各自為戰、單打獨鬥的混亂局面。

2. 歐盟缺乏一個統一的食品安全管理事務機構

各成員國自行處理相關問題，無法有效互通情況、採取共同的應對措施。同時，各國食品衛生和科研機構之間沒有建立密切協作的合作網絡，無法分享有關成果和經驗。

3. 歐盟缺乏一部統一的食品安全危機應急處理與預警分析的行動機制

20世紀70年代後期，歐盟逐步開始在其成員國中間建立一些食品安全信息快速反應的措施，但在實際操作上，由於法律的嚴格限制和歐盟一體化不斷擴大的因素，這些措施覆蓋面有限，不能發揮其應有作用。

4. 歐盟缺乏一個統一、透明和公開的食品安全信息發布平臺和交流渠道

在危機出現時，有的成員國出於政治選舉、經濟發展等利益考慮，故意隱瞞真相、封鎖信息，有的國家為採取貿易保護措施，有意誇大危機爆發國的食品危機後果，導致公眾無法掌握真實情況。同時，歐盟沒有建立與消費者公開對話、相互溝通信息的管道，導致市場利益集團、非政府組織、公民社團和普通民眾無法得知真

第四章　歐盟食品安全法規下的食品貿易案例分析

實信息，對歐盟和成員國政府怨聲載道。

食品安全危機使廣大公眾產生了巨大的恐慌心理，對成員國政府產生了極大的不信任，對歐盟單一市場建設和歐洲一體化前景深感失望。歐洲一體化 50 年取得的巨大成就，在重重食品危機下面臨被全面顛覆的危險。

(三) 構建完善的食品安全體系

歐盟委員會在反思、檢討和總結經驗教訓的基礎上，開始構建統一完善的食品安全體系。

1. 制定了一套統一、完善和操作性強的食品安全法規

歐盟對原有的相關制度進行了改革，2006 年 1 月，又頒布實施了新的《歐盟食品及飼料安全管理法規》。新法規涵蓋了「從農田到餐桌」的整個食物鏈，實現了從最初級原料、生產加工環節、終端上市產品到售後質量反饋的無縫隙銜接，對食品添加劑、動物飼料、植物衛生、農藥殘留物、轉基因生物、食品鏈污染和動物衛生等易發生食品安全問題的薄弱環節進行了重點監督。新規大大提高了食品市場准入的標準，增加了食品安全的問責制，強化了對不合格產品的召回制度，更加注意食品生產過程的安全。法規要求所有成員國必須無條件遵守，如有不符合要求的產品出現在歐盟市場上，無論是哪個成員國生產的，一經發現立即取消其市場准入資格。法規對歐盟以外的國家生產的食品也做了明確規定，所有進口食品的安全與質量必須滿足歐盟食品法規的要求，否則不準進入歐盟市場。

2. 成立了歐洲食品安全管理局（EFSA）

該機構於 2002 年組建，2005 年在義大利正式掛牌成立。歐洲食品安全局的職責範圍很廣，統一負責歐盟境內所有食品的相關事宜，負責監督整個食品鏈安全運行，根據科學證據做出食品危機風險評估。歐盟食品安全管理局牽頭建立一個與成員國有關機構進行緊密協作的網絡，下設專家委員會和科學小組，為制訂政策和法規提供依據。

3. 建立快速反應的預警系統

歐盟於 2002 年對原有的預警系統做了大幅調整，實施了歐盟食品和飼料快速預警系統。它是一個連接歐盟委員會、歐洲食品安全管理局以及各成員國食品與飼料安全主管機構的網絡。系統明確要求各成員國相關機構：必須將本國有關食品或飼料對人類健康所造成的直接或間接風險，以及為限制某種產品出售所採取措施的任何信息，都通報給歐盟快速報警體系。系統將收到的有關信息整理編研後，按照相應程序上報歐盟委員會，轉發歐盟有關部門，通知預警體系內的其他成員。一旦發現來自成員國或者第三方國家的食品與飼料可能會對人體健康產生危害，而該國又沒有能力完全控制風險時，歐盟委員會將啟動緊急控制措施。該系統運轉後，發出了大量信息通報，內容不斷深化，數量逐年增加，2005 年達到了近 7,000 條信息，

比較有效地實現了對食品和飼料安全的監測預警。

4. 歐盟積極加強與消費者的溝通，建立了及時快捷的信息發布制度

信息經過認真審核和合理評估，以誠實負責的態度向消費者說明情況，並告之歐盟所採取的與風險規模相適應的措施，提醒消費者注意加強自我保護。信息交流方面積極歡迎非政府組織和普通公眾的參與與互動。此外，歐盟還加強了與聯合國有關組織、環歐接壤地區以及美國與中國等食品生產和消費大國的國際合作。歐盟食品安全管理局就地中海區域的食品安全問題與有關國家和組織舉行了國際研討會，又與美國食品與藥物管理局簽署了雙方合作協議，近期以來也明顯加強了與中國有關部門的密切聯繫，表示要本著合作和不敵對的態度來處理相關食品安全問題。

二、案例1：「毒雞蛋」事件

在許多國家，「毒雞蛋」已經變身成為各類加工食品流入市場，有些甚至已經被消費者食用。

據法新社報導，丹麥總共查出20噸「毒雞蛋」，均進口自比利時。此外，羅馬尼亞查出1噸「毒雞蛋」；斯洛伐克查出21箱「毒雞蛋」。德國食品和農業部說，至少有1,000萬枚「毒雞蛋」從荷蘭運進德國。英國方面表示，從荷蘭涉案農場進口的雞蛋多達70萬個，遠超過先前2.1萬個的預計，不過眼下尚不清楚這些雞蛋中有多少存在問題。法國方面說，自4月以來總共售出大約25萬個「毒雞蛋」，其中19.6萬個從比利時進口，4.8萬個從荷蘭進口。

不僅如此，在許多國家，「毒雞蛋」已經變身成為各類加工食品流入市場，有些甚至已經被消費者食用。

（一）從氟蟲腈說起

「毒雞蛋」曝光這個事，要「歸功」於德國。根據德國農業部2017年8月3日公布的信息，當局從進口自比利時和荷蘭的雞蛋中檢測出了氟蟲腈。隨後，歐洲多國相繼曝出「毒雞蛋」醜聞：檢測顯示，雞蛋裡的氟蟲腈含量超標。

氟蟲腈是用來殺滅跳蚤、蟎和虱的殺蟲劑，被世界衛生組織列為「對人類有中度毒性」的化學品。人若大劑量食用可致肝、腎和甲狀腺功能損傷。

歐盟法律規定，氟蟲腈不得用於人類食品產業鏈的畜禽養殖過程，每千克食品中的氟蟲腈殘留不能超過0.005毫克。就目前權威機構的檢測結果表明，此波「毒雞蛋」對人體造成的危害並不大。德國食品和農業部下屬的聯邦風險評估機構稱，目前雞蛋中檢測出的氟蟲腈含量較低，對成年人不構成威脅，但可能危害兒童身體健康。法國國家衛生安全署公布綜合評估結果顯示，這些「毒雞蛋」對人類健康構

第四章　歐盟食品安全法規下的食品貿易案例分析

成的威脅「非常低」。該機構還計算出不同人群一次性食用「毒雞蛋」而不造成嚴重健康危害的「最大安全數量」。結果顯示，以每千克雞蛋中含 1.2 毫克氟蟲腈（與此次歐洲「毒雞蛋」風波中荷蘭和比利時問題雞蛋中測出的氟蟲腈最高濃度相近）為標準，體重約 70 千克的成人一次性食用小於等於 10 枚受污染雞蛋，不會對健康造成威脅；年齡在 1~3 歲的兒童一次性進食受污染雞蛋的「安全上限」則是小於等於 1 枚。

儘管評估機構給出的結論相對樂觀，但這絲毫不能使消費者感到安心。荷蘭、比利時和德國的很多消費者在網上留言表示，過去一年來，他們可能已經大量食用了這些有毒雞蛋，他們非常害怕自己的健康受到損害，而且擔心雞肉是不是也被污染，希望有關部門能夠盡早給出明確說明。

目前，「毒雞蛋」已通過荷蘭流入了中國香港。中國內地尚未從歐盟進口禽蛋產品，所以中國內地消費者目前不必擔心歐洲「毒雞蛋」。

國家質檢總局表示：中國對進口禽蛋及其產品實施嚴格的檢驗檢疫准入管理，目前包括荷蘭在內的歐盟各成員國的新鮮禽蛋和禽蛋產品均尚未獲得檢驗檢疫准入資格，不能向中國出口，請中國境內消費者不必為此擔心。

（二）震動半個歐洲

歐洲已有至少 16 個國家發現了「毒雞蛋」，涉及比利時、荷蘭、德國、法國、瑞典、英國、奧地利、愛爾蘭、義大利、盧森堡、波蘭、羅馬尼亞、斯洛伐克、斯洛文尼亞、丹麥和瑞士。歐洲多國已經開始對「毒雞蛋」事件進行調查，對部分涉及此次事件的雞蛋和雞蛋製成品進行了下架和召回處理。

一個比利時人說：「以前一直認為歐洲的食品很安全，可是自從曝出馬肉醜聞之後，很多人就對歐洲食品安全的信心降低了，這次毒雞蛋事件更是讓消費者不敢再對歐洲的食品放心了。」

「吃個雞蛋都不能讓人放心，還能指望其他食品安全可靠？」

小小一顆雞蛋就能引得半個歐洲不得安寧，這與歐洲各國密切的貿易關係和集中的生產體制密不可分。作為世界上最大的雞蛋出口國，荷蘭有 2,000 多家禽蛋農場，每年雞蛋淨出口 60 多億枚，許多國家都進口荷蘭雞蛋。這次「毒雞蛋」風波起源於荷蘭一家名為「雞之友」的公司使用含氟蟲腈的殺蟲劑為禽類除虱。這是一家為農場提供殺蟲服務的專業公司，該公司的客戶不僅包括荷蘭的 180 家農場，還涉及法國、英國、德國和波蘭等多國的農場。而它所使用的殺蟲劑是由另一家比利時企業供貨。比利時和荷蘭已對此事啓動刑事調查，在多項聯合突擊搜查行動中，從一家荷蘭企業逮捕了兩名嫌疑人。

出了波及範圍這麼廣的食品安全事件，家禽養殖業肯定不能幸免。荷蘭食品與消費品安全管理局證實，現階段已有 138 家農場被關停，另有 59 家農場產的雞蛋

「兒童不宜食用」。荷蘭農業園藝組織說，已有 30 萬只受污染母雞被撲殺，另有數百萬只母雞可能需要被撲殺。此次「毒雞蛋」風波無疑將使荷蘭家禽養殖業遭到重創，直接經濟損失將達到數百萬歐元。

(三) 各國大打口水仗

2017 年 7 月 20 日、26 日和 31 日，比利時、荷蘭以及德國分別將「毒雞蛋」污染事件報告歐盟食品和飼料快速預警系統。雖然比利時最早報告此事，但比利時食品安全局 8 月 5 日證實，他們早在 6 月初就已知曉相關情況，只不過因檢方調查未予公開。這可就是嚴重的「知情不報」了，比利時食品安全局自然招致了各方猛烈的抨擊，食品安全局到底在隱瞞什麼？他們的解釋是：由於檢測出的氟蟲腈含量遠低於警戒水準，因此當時並未要求下架問題雞蛋，只是禁止個別禽類製品生產商繼續供貨；而且，比利時缺少有資質的氟蟲腈檢測機構，只得將相關取樣交給了荷蘭相關機構，進而導致行動遲緩。

2017 年 8 月 9 日，在比利時議會聽證會上，比利時農業大臣德尼·迪卡姆直接將拖延的責任推給了荷蘭：荷蘭早在去年 11 月就發現雞蛋中氟蟲腈超標一事，而且比利時早在 6 月 26 日就要求荷蘭提供其境內可能存在問題的氟蟲腈供貨企業情況，結果荷蘭 7 月 13 日才給予反饋，因此延誤了時機。

荷蘭食品安全監管部門負責人羅博·範·林特馬上出來反駁：2016 年 11 月並沒有發現威脅到食品安全的情況。但同時他也承認，相關機構 2016 年 11 月的確收到過匿名信，指出有使用危害性較強殺蟲劑的情況。「球」又被踢回到了比利時這邊，而且比利時貌似嫌疑最大。

比利時食品安全局 7 日曾發表公報稱，問題雞蛋中氟蟲腈含量僅為 0.076 毫克/千克，遠低於歐盟提出的 0.72 毫克/千克限額；8 日，該機構公布的該批雞蛋復檢結果顯示，氟蟲腈含量達到 0.92 毫克/千克。專業人士認為，對於同一樣品的不同次檢查，10% 左右的誤差是可以的，但 1,000% 的誤差著實令人匪夷所思！

比利時魯汶大學病毒學教授艾爾弗雷德·貝爾納表示：「該事件說明整個檢測體系存在問題。既然檢測結果可能存在如此巨大的誤差，那麼相關食品安全邊界就蕩然無存，這勢必增加人們的疑慮與恐慌。」

而荷蘭與比利時互相「甩鍋」，顯然加重了人們心頭的陰霾。2017 年 8 月 11 日，主管衛生與食品安全的歐盟委員維特尼斯·安德柳凱蒂斯出來「勸架」，呼籲比利時、荷蘭等國停止「口水仗」。他表示，歐盟將召集一次緊急會議，商議如何應對「毒雞蛋」事件。據法新社 11 日報導，歐盟各國部長暫定於 9 月底前召開會議應對「毒雞蛋醜聞」。

(四) 問題究竟出在哪？

按理說，歐洲的食品安全體制已經相當成熟。無論是法律法規，還是檢查手段，

第四章　歐盟食品安全法規下的食品貿易案例分析

都堪稱世界一流。向歐洲出口鮮蝦的泰國商人這樣說：能經得住歐洲的食品檢驗，就一定能符合全世界任何地方的標準。事實上，歐盟許多管理機制不可謂不嚴格、不成熟。就拿這次讓歐洲食品安全體系蒙羞的雞蛋來說，每個雞蛋上都印有一串編號，就像是雞蛋的「身分證」，根據它就可查出雞蛋來自哪國、哪地、哪個飼養場、哪個雞籠、母雞飼養狀況如何、是草雞蛋還是普通飼養雞蛋（分類從 0 到 3），等等。正是因為有這些「身分證號」，此次事件中，各國才能迅速確定「毒雞蛋」的數量，迅速追尋「毒雞蛋」問題的源頭。

但在這樣「層層把關」的安檢體制下，還是出現了「毒雞蛋」這樣的「漏網之魚」，問題究竟是出在哪？就比利時拖延上報一事，歐盟委員會發言人米娜·安德烈耶娃說：歐盟食品和飼料快速預警系統首先需要成員國報告相關信息，這樣，歐盟委員會才能將這一信息通報所有成員國。然而，歐盟委員會直到 7 月 20 日比利時報告這一情況時才知曉此事。

上面提到的歐盟「食品和飼料快速預警系統」，主要的職能是及時通報各成員國國內由於食品不符合安全要求、標示不準確等原因引起的各種風險，進而保護消費者免受食品安全威脅，促進歐盟成員國及歐盟委員會之間的風險信息交流。一個成員國若獲得相關信息，有責任迅速做出判斷並及時通報歐盟委員會。歐盟委員會另一名發言人安娜-凱薩·伊特科寧說，如有成員國未能及時將信息報告快速預警系統，則違反相關法規，歐盟將啟動相關法律程序。但是，她同時強調，比利時目前並不屬於這種情況。

分析人士認為，本次「毒雞蛋」事件表明，歐盟的統籌協調機制存在漏洞。歐盟應確保信息在成員國間能夠及時有效共享，並完善各成員國相關技術水準、更好地保障消費者權益，而不是等到出現問題就相互推卸責任。

儘管歐盟委員會一名發言人此前強調稱，涉事農場已經被鎖定，相關雞蛋也被封存，「局面已得到控制」。但很多歐洲民眾表示，在這次毒雞蛋事件過程中，荷蘭有關部門不僅監管缺位，而且對公眾健康不負責任，在強大的輿論壓力下才徹底公布這一醜聞。如果歐盟不能從這次醜聞中吸取教訓並採取更加有力的措施，歐洲食品安全前景堪憂。

（五）永遠不能掉以輕心

事實上，近年來歐洲食品安全問題層出不窮：二噁英「毒飼料」事件、「毒豆芽」事件、麵包店老鼠屎事件、「馬肉醜聞」「毒草莓」，還有正在調查中的「毒雞蛋」事件。一向讓人覺得安全又放心的歐洲食品仿佛也不是那麼安全。

透過這些事件，我們必須得到教訓：
第一，食品安全監管沒有終點。
經過一系列的改革，歐盟在食品安全保障方面的進展比較順利。但是，制度的

中歐食品貿易案例解析

合理運轉有賴於持之以恒的監管和從不放鬆警惕的自覺，畢竟食品安全無小事。

一方面，歐盟對於食品安全的「上心」已經被其他熱點議題所擠壓，食品規制方面的詐欺和營養問題更為緊迫，而有關食品立法的簡化也致力於平衡安全保障和規制減負。另一方面，隨著數字經濟的發展，歐盟關注的焦點也被互聯網的議題「俘獲」，這意味著更多的資源將投向於此。無疑，這也是一種優先經濟發展的思路。

因此，此次的「毒雞蛋」事件是一記適宜的警鐘，即便瘋牛病危機過去了20年，食品安全問題並不會因為生活的改善、規制的改進而退出歷史舞臺。

第二，食品安全監管過程複雜。

首先，這種複雜性體現在跨國食品貿易對於監管的挑戰。儘管歐盟是一個相對統一的聯合體，且食品立法也是直接從歐盟層面進行。但是，具體的官方監管依舊由各成員國負責。因此，「異域」食品的可控性相對低，這也給各成員國的進口監管帶來了挑戰，並凸顯跨國跨地域的行政合作必要性。

其次，農業、食品、環境、健康等不同議題之間的關聯十分複雜，這需要對食品安全有系統性認識，以及強化部門監管之間的合作。一如此次事件中所表明的，農業環境的污染可能通過遷移污染食品，其中的有害物質最終會因為消費而危害人類健康。對此，加工類食品因為廠房條件的有限性而易於控制，但是農業環境的開放性則受更多不穩定因素的影響，因而所謂食品安全的源頭治理更需要多部門合作，包括農業政策中考慮健康相關的要素。

最後，食品產業鏈錯綜複雜，一如雞蛋不僅僅是直接食用的農產品，也是很多加工食品的原材料，因此，「毒雞蛋」產生的安全問題不限於雞蛋這種產品本身。比如，中國沒有進口「毒雞蛋」，避免了此次危機，但許多網購消費者可能需要警惕那些以「毒雞蛋」為原料的海淘食品。

第三，預防和應對一樣重要。

儘管預防為主是食品安全治理的一個重要原則，但是危機應對也是不可或缺的工作，而日常的應急準備可以在危機發生時迅速且有效地控制、消減其所帶來的風險。畢竟就風險而言，沒有零風險的概念，時刻準備才是正確的應對方式。然而，制度本身並不是孤立的，歐盟的經驗也表明了有效的危機應對有賴於追溯制度和召回制度。此外，風險交流也是必要的，以確保公眾瞭解事態的發展和官方控制風險的努力。然而，這一事件也同樣反應出舉報制度和檢測制度即便可以助力食品安全，也存在一些問題。例如，舉報制度的證據問題和官方核實，檢測能力對於食品安全的制約，後者是指比利時自稱沒有檢測氟蟲腈的能力，因此需要外援而耽誤了時機。這在食品安全實務中是不爭的事實和挑戰，在需要外地援助或者沒有檢測手段的情形下，如何定性問題和跟進監管值得反思。

第四章　歐盟食品安全法規下的食品貿易案例分析

● 三、案例 2：美國與歐盟之間的轉基因食品貿易關係

　　歐盟自 1998 年實行對生物工程類農產品推遲審批的非正式貿易限制。2003 年 5 月，美國在世貿組織上對歐盟提出起訴，抗議歐盟這一政策。歐盟這一事實上的貿易限制使美國向歐盟國家的小麥出口大幅度減少。據報導，這一貿易限制每年在穀物出口上使美國的種植損失約 3 億美元。且歐盟又通過了新的「標示與監管法」，這一新的立法議案對轉基因食品的限制更加嚴格。

　　由於美國和歐盟在香蕉和牛肉出口以及鋼材製品關稅問題上的分歧，雙方的貿易關係本已不和，此次美國在世貿組織上的起訴和歐盟的新立法議案使這種關係更加緊張。

(一) 背景情況

　1. 轉基因食品在歐洲的歷史

　　我們只要看一下歐洲人看待食品的歷史和文化背景，就不難理解為什麼歐洲人如此關注食品衛生，並對負責食品衛生的管理者滿腹狐疑。從歷史上看，歐洲人與他們吃的食物的關係比美國人要緊密得多。

　　歐洲的消費者，特別是英國的消費者，已經由於接二連三的食品安全危機而對食品供給上的任何變化都變得異常敏感，而且也不再信任政府對食品安全的管理機構。雖然這幾次食品安全危機並不是由於轉基因食品引起的，但人們在安全上對轉基因食品的懷疑程度已經相當高了。

　　這幾次食品安全危機中最嚴重的一次是 20 世紀 90 年代發生在英國，之後蔓延到整個歐洲的「瘋牛病事件」（BSE）。「瘋牛病」是一種能導致奶牛大腦功能退化的傳染性疾病。英國人認為奶牛患上此病是由於它們所吃的飼料中摻有患有癢病的羊的腦組織（人們對「瘋牛病」的傳染機理至今仍知之甚少）。

　　英國的食品衛生當局一開始稱「瘋牛病」只存在於牛身上，不會在人類食用患病牛肉後傳染給人類。但是 1996 年，科學家發現，一種致命的導致腦功能退化的人類疾病（稱為「Creutzfeldt-Jacob」病，簡稱為 CJD）與患者食用過患有「瘋牛病」的牛身上的肉有關。

　　政府方面一開始不承認研究的結果，極力宣稱「瘋牛病」與在人類身上發現的同類疾病沒有什麼聯繫。但不久後英國政府不得不承認二者之間的聯繫，並採取嚴厲措施來保護人類和牲畜的健康，其中就包括宰殺並焚化處理 450 萬頭肉牛和奶牛以防治疾病擴散。儘管如此，英國政府還是由於行動過緩，沒有將疾病的實際危害告知民眾而受到批評。

　　此次事件的影響是巨大的，它使英國的牛肉市場受到重創。整個歐洲的電視新

中歐食品貿易案例解析

聞中全是人們因 CJD 而驚慌失措和成千上萬頭病牛被焚化的畫面，特別是當歐洲其他國家也發現「瘋牛病」的時候。

「瘋牛病」到底對人類健康有多大危害？這是個人們極為關注的問題，但現在下結論還為時尚早。據估計，這種傳染病於 1992 年至 1993 年間出現在牛類身上。由於人們還不清楚這種疾病的潛伏期有多長，現在很難預測到底有多少人在「瘋牛病」爆發期間染病。英國傳染病學家曾經估計，在英國每年因 CJD 而死亡的人數最多為一百人，在未來幾十年歷史預期的患者人數也就有幾千人；不過有種極端的說法稱在今後幾十年裡將有超過十萬人死於此病。儘管如此，隨著人們對這種傳染病及其影響民眾程度的認識不斷加深，科學家們一致認為「瘋牛病」對人類的影響仍是個未知數。

「瘋牛病」事件之後又發生了幾起食品與農業危機，引起了世人的廣泛關注，其中包括比利時的肉類製品中發現「二噁英」，以及席捲整個歐洲的「口蹄疫」。在幾次事件的共同影響下，「瘋牛病」危機極大地挫傷了消費者對政府保證食品衛生能力的信心。一次最近的歐洲民意調查顯示，受調查的歐洲人中只有 14% 稱仍然相信國家政府機構會在生物工程產品問題上對民眾說實話。

以轉基因作物為原料的食品和飼料是從 1996 年開始進入歐洲市場的。當時包括英國在內的各國政府都非常支持農業生物工程技術。在很多人看來，英國政府的科學家們對轉基因作物安全性的保證與他們在「瘋牛病」問題上曾做出的保證如出一轍。歐洲的報紙雜誌上連篇累牘的刊登對環保團體、消費者權益團體和科學界的批評認識的採訪，提醒人們注意此類產品可能給環境和健康帶來不為人所知的危險。敏感的歐洲消費者很快對其表現出了擔憂。

2. 美國與歐盟之間關於轉基因食品的貿易

若把銷售與服務加在一起，美國和歐盟各自都是對方的主要貿易夥伴，雙方構成了世界上最大的雙邊貿易關係。雙方市場上農業產品的出口額十分接近。例如，美國 2002 年向歐盟的農產品出口額為 61 億美元，佔美國農產品出口總額的 10%；其中主要出口產品為大豆、菸草和飼料（包括麥麩）。歐盟向美國的農產品出口主要是葡萄酒和啤酒，出口額為 79 億美元。

從種植量和農田收入上講，在美國種植的最重要的田間作物為小麥、菸草和大豆。他們在食品和飼料的生產中都至關重要，而且很多是只用於加工類食品的原料來源。比如高果糖穀物糖漿和卵磷脂。這三種作物也是美國的主要出口商品。

在美國，這些作物中的很大一部分都是轉基因類產品。2003 年，在美國種植的 81% 的大豆、73% 的棉花和 40% 的小麥都是生物工程類的。全世界的轉基因作物中生長在美國的佔很大一塊份額，約為三分之二。

20 世紀 90 年代末，轉基因食品在歐洲成為一個充滿爭議的話題。隨著歐洲民眾對轉基因食品的擔憂不斷增加，歐盟採用了新的標示規定，中止審批轉基因類新產品，這實際上是禁止了對新的轉基因類產品的審批。由於大宗的出口貨物一般混

第四章　歐盟食品安全法規下的食品貿易案例分析

合有許多農場上種植的小麥，其中就包括未獲歐盟批准的轉基因類作物品種，美國向歐盟的小麥出口大幅下滑。1997年以前，美國每年向西班牙和葡萄牙的小麥出口達到175萬噸，這兩國是美國小麥在歐盟國家中的主要買主。但在1998年至1999年一個年份當中，西班牙所購買的美國小麥還不到前一年的十分之一，而葡萄牙根本就沒買。美國農場聯合會估計美國每年因此損失三億美元。

(二) 美國與歐盟對待轉基因食品不同的管理策略

在轉基因食品與農產品問題上，美國的原則是所謂的「本質對等」。即只要一種產品在本質上和與之對應的、靠傳統方法生產的產品相同，那麼在管理上對他們應該一視同仁。相比之下，歐盟採取的策略可以說是謹小慎微，也就是說，如果缺少足夠的和確鑿的科學上的證據，證明某項活動或某種產品對人類健康及環境不構成任何潛在危害，那麼只要對其擔憂是合理的，就對其實行嚴格的管理甚至禁止，以保證未來不出現任何難以預料的麻煩。歐盟的這種管理策略認為，轉基因技術與傳統的生產方法在根本上是不同的。

1. 美國

《生物工程技術管理協調框架》是美國聯邦政府對生物工程類產品的基本指導性文件，於1986年由白宮科技政策辦公室（OSTP）頒布。它的基本原則之一是對基因工程類產品應根據其特性進行管理，而不是根據其生產方法。這樣一來，如果一種食品的生產應用了轉基因技術，而它與用較為傳統方法生產的對等產品沒有本質區別，那麼就不應對這種食品施加額外的（或不同的）管理。一旦某種食品已通過審批，那它就不必再標示是否含有轉基因成分，除非和轉基因食品已在本質上有所不同（例如，當它含有某種變應原或營養成分已發生變化時）。不過只要所標示成分屬實，商家仍可以通過各種方式聲明此商品含有轉基因成分。這套管理框架引入了轉基因類產品的「本質對等」的概念，在現行聯邦法律的授權下對生物工程類產品實行管理，而所有現行法律早在農業生物工程技術商業化之前就已經制定出來或已經實施了。

2. 歐盟

與美國不同的是，歐盟建立了獨立管理體制，專門管理審批轉基因作物以及對以這些作物為原料的產品的管理。歐盟在開始其非正式貿易限制之前已批准十八種轉基因類產品走向市場（其中包括「Roundup-Ready」牌大豆）。歐盟現行對轉基因類產品的四大主要管理依據為：

《2001年第18號委員會指令》（替代《1990年第220號委員會指令》）：明確了審批程序，以在任何轉基因產品被播種或任何含有轉基因類成分的產品投放市場之前評估此種產品可能對健康及環境所帶來的危害。一種產品被投放到任何一個歐盟成員國，該國主管當局有責任對其食品安全情況進行評估；一旦此種產品獲得批

中歐食品貿易案例解析

准,該國有責任告知其他成員國,為此種產品在歐盟範圍內的銷售開闢道路。此新命令於 2002 年 10 月 17 日生效,其中也規定了對轉基因作物新的標示與監管要求。

《歐盟 1997 年第 258 號對新食品及新食品原料的管理規則》是在健康及消費者權益保護總理事負責下,負責審查轉基因類產品的安全以及對其進行標示的機構。其安全評估及授權程序與剛才所描述的程序類似。此《新食品管理規定》(簡稱《規定》)中要求,生產者必須對轉基因食品及含有轉基因成分的食品進行標示。這一《規定》在新的標示與監管規定生效以前仍然有效。由於現行的《新食品管理規則》在如何實施方面規定尚不夠詳細,各歐盟成員國不得不自行決定如何測試,測試什麼等問題。據 USDA 調查顯示,至今為止還沒有一種轉基因食品獲得此規定的授權。

《1998 年 1139 號委員會指令》早在《新食品管理規定》出抬以前就已獲得批准,對從抗雜草大豆到抗菌莊稼的食品做了規定。《歐共體 2000 年第 50 號管理規定》針對添加有轉基因類添加劑及調味劑的食品確立了標示規定。

3. 歐盟新的「標示與監管法」

自 1997 年起歐盟就已經明文規定必須對一部分轉基因類產品加以標示。但新的歐盟立法議案將要求標示的產品範圍大幅度擴大,同時要求對此類產品進行「監管」,即要求管理者有能力對產品分配、加工、製造一直到最終消費者手中這一過程的各個環節中,對轉基因類產品進行追蹤監管。新的立法也將建立一套更為完善,權力更為集中的審批程序,管理轉基因作物和食品原材料,以及他們向市場的投放。2003 年 10 月,歐盟的 *Office Journal* 雜誌上刊登了新獲通過的監管與標示管理規定,然後在九十天後這些規定將正式生效。歐盟成員國在此期雜誌出版後的六十天裡必須遵守新的食品與飼料審批程序,歐盟委員會將在兩年後對這些規定進行重審。

(1) 標示:

歐盟以前規定,對於轉基因糧種、作物及其加工產品,如果在成品中能找到轉基因性質的 DNA 或蛋白質,那麼必須對這些產品進行標示。比如,由轉基因玉米磨制成的麵粉將會被標示,而由同種玉米加工成的麥芽糖卻不需被標示,因為在這種糖漿中找不到轉基因類的 DNA 及蛋白質。牲畜飼料也未被要求進行標示。

而在歐盟新的規定下,所有食品只要其配料中有轉基因成分,無論其中的轉基因 DNA 和蛋白質含量是否多到能被檢測出,都要加以標示。不過轉基因物質的「偶然存在」(不高於 0.9%)仍將不受標示規定的束縛。新規定也第一次對轉基因類飼料施以了與轉基因類食品同樣的規定。那些被要求的產品上應該聲明「此產品中含有轉基因成分」,或者稱「由轉基因類的……(原料名稱)生產而來」。

不過對使用轉基因飼料或接受過轉基因類藥物治療的牲畜,新的立法議案中並沒有要求對它們的肉類、奶類和蛋類等產品進行標示。此外,奶酪和啤酒等產品上也不必標示,而生產這些食品經常要用到轉基因類微生物分泌的霉菌。據歐盟委員會的官員講,之所以要如此區別對待是由於這些產品中並不含有轉基因成分,只不

第四章　歐盟食品安全法規下的食品貿易案例分析

過是其生產過程中有轉基因類成分的參與，但最終產品中並不含有這些成分。

（2）監管：

新的歐盟立法議案中規定，所有參與轉基因類產品的生產、儲藏、運輸和加工的企業和個人應在此食品的整個生產流通過程中進行監控，即所謂的「從田裡到盤裡」。有了這些規定，企業今後要保證其確定轉基因類產品從哪兒來，到哪兒去的制度運轉良好，同時將所做記錄保留五年。規定要求所有種類食品都要註冊備案，表明其原料是否為轉基因類；就算是成品中已找不到任何轉基因物質的跡象，這些商品也要登記註冊。

（3）新審批程序：

在過去的管理制度下，對轉基因作物和含有轉基因成分的食品進行評估與批准的權力是分散在歐盟各成員國和歐盟委員會之中的。而在新的管理制度中，歐盟建立起了一套「一把鑰匙開一把鎖」的程序，所有科學上的風險評估都是在一個機構中完成的，即「歐洲食品安全管理局」（FSA）；這個組織還負責將這些風險公之於眾。歐盟部長委員會負責在 FSA 的風險評估報告出來之後，決定是否准許某種轉基因產品進入歐洲市場。

在《2001 年第 18 號歐盟委員會指令》之下，某些轉基因類品種根本無法獲得批准，走向市場；但現在歐盟的科學委員會對這些品種的評價都不錯。審批程序中的另一個變化會影響含有這些轉基因成分的產品。這樣一來，科學委員會就有可能對某種並未完成整個評估程序的轉基因品種開綠燈：只要此產品中所含未獲批准的轉基因成分不超過 0.5%，同時評估結果顯示是積極的，那麼這種產品就能進入歐盟市場，被擺到貨架上。

（三）美國對歐盟在轉基因食品問題上態度的反應

2003 年 5 月 13 日，美國貿易代表（USTR）和美國農業部長聯合宣布，美國連同其他幾個世貿組織成員國將向世貿組織大會提交一份起訴狀，抗議歐盟所做出的對新生物工程農產品施行 5 年不予批准的決定。美國商界業內人士稱，歐盟的政策不但阻礙了美國向歐盟的出口，而且引起了全世界對農業生物工程技術安全性的過分關注。歐盟官員稱，他們正在採取行動，以期盡快重新開始對生物工程類產品的批准，與此同時他們也試圖讓消費者相信這些產品是安全的。一些官員擔心，美國在世貿組織中的這一訴訟會惡化美國同歐盟的貿易關係。

美國要求與歐盟進行為期 60 天的正式磋商，以此拉開其起訴的序幕。加拿大與阿根廷也加入美國領導的控方隊伍之中。儘管埃及一開始被列為起訴國之一，一位埃及官員已告知歐盟方面，埃及決定不參與對歐盟的正式起訴。除了美、加、阿三個主要起訴國之外，澳大利亞、智利、哥倫比亞、薩爾瓦多、洪都拉斯、墨西哥、新西蘭、秘魯和烏拉圭也表示支持三國對歐盟的起訴。2003 年 6 月 19 日，美國貿

中歐食品貿易案例解析

易代表宣布美國與歐盟的磋商以失敗告終,同時要求世貿組織成立專門小組協調此次糾紛。美國及其他起訴國稱,歐盟的貿易限制首先就違反了世貿組織實施動植物衛生檢疫(SPS)方面的協議。這一協議允許各國為保護公民健康和環境,對農作物及食品進行管理。但各國所制定的規定必須有科學依據作為保證,同時對產品的審批也必須在不受過分阻礙的條件下進行。美國界內人士認為,現今並沒有科學證據表明轉基因食品與傳統農產品相比有什麼本質上的不同,或者說前者不如後者安全。他們稱,就連歐洲的權威科學機構得出的也是這一結論。

美國認為,這一貿易限制不僅影響了美國向歐盟國家的出口,而且還導致其他國家,特別是發展中國家迴避生物工程方面的研究。美國堅持認為,生物工程是一個極有希望的領域,它能極大提高農業生產率,養活不斷增長的世界人口。有的官員以最近六個南撒哈拉國家爆發的饑荒為例,稱有的國家在接受轉基因穀物食品援助的問題上提出各種條件,其中一個國家基於一些未說明的食品衛生和環境方面的考慮甚至拒絕所有轉基因食品援助。美國官方稱歐盟的政策對這些國家的行為起著推波助瀾的作用。

歐盟方面反駁說,歐盟正在盡快地重新開始產品審批,這已經表現出了極大的誠意。7月15日,歐盟宣布要將其15個成員國中的11個推上歐洲法庭,起訴他們沒有履行轉基因類產品的審批法規。儘管如此,有些歐盟官員已轉告美國,歐盟在管理農業生物工程方面的謹慎態度是必要的,只有這樣才能重樹歐洲消費者對其食品衛生機構的信心。歐洲的消費者對他們購買的食品的生產過程一向小心謹慎,這一部分源於在歐洲所爆發的一連串食品衛生危機,比如起源於英國,之後波及歐洲其他國家的「瘋牛病」(BSE)。1996年以前已有科學證據表明某些類似的人類疾病與患者使用過感染了「瘋牛病」的牛肉有關。雖說這次事件以及其他幾次食品衛生危機並不是轉基因食品所引起的,但據稱它們已經動搖了歐洲消費對他們國家食品衛生管理機構的信心。歐洲的一些激進環保組織也反對將轉基因類作物和食品引入市場。

美國在世貿組織領導的這次起訴,不涉及新的標示與監督的管理問題。新規定將要求對所有轉基因類食品、飼料及製品進行標示,即使在這些產品中已找不到任何使用轉基因類原料的證據。美國農業界業內人士稱,即使歐盟取消對轉基因類產品的審批貿易限制,這些新的標示及監督規定根本無法付諸實踐,而且也沒有必要,美國的出口產品仍然會受到歧視。

(四)前景展望

現在還不清楚世貿組織中負責調解此次糾紛的專門小組會如何處理此次事件,這一部分是由於在烏拉圭一輪會議中所達成的貿易協議中並未涉及轉基因類農產品問題。這些協議在生物工程農產品得到推廣之前已經存在。一旦美國勝訴,將鞏固

第四章　歐盟食品安全法規下的食品貿易案例分析

動植物衛生（SPS）協議的基本原則，使其他國家不步歐盟的後塵。美國指出，歐盟國家中的很多農民很希望種植和出售轉基因類作物。不過即使美國勝訴，歐盟各國市場也不太可能進口更多的轉基因類農產品。這樣一來，美國可能只能從其他方面獲得補償。進一步說，新出抬的標示與監管規定可能會像現在的貿易限制一樣，給雙方間的貿易設置障礙，甚至這些規定本身也會成為世貿糾紛的焦點。

有人認為，如果美國在轉基因問題上占得先機，將引起歐洲民眾與政府的不滿。歐洲人會認為美國人把生物工程類產品強加給那些不願購買的消費者。再者，由於美國至今不遵從世貿組織對其制定的關於外貿法人制度的規定，美國現在面對的形勢是，世貿組織已批准對美國向歐盟國家出口商品強行徵收共計40億美元的報復性關稅。美國國會中的議員領袖幾年來一直催促美國政府官員，要他們正式向歐盟的貿易限制宣戰。他們認為，這一貿易限制給美國的生產者帶來了極壞的負面影響，而且如果更多國家對生物工程類產品的管理上步歐洲後塵，雙方間會出現更多貿易壁壘。參議院5月23日全體通過了一項決議，支持美國政府對歐盟採取行動。2003年6月10日，眾議院以339票贊同，80票反對通過了一項類似的方案。與此同時，很多國會議員十分清楚，美國與歐盟在貿易上的關係不斷緊張是十分危險的，他們也表示會密切關注事態的發展。

四、案例3：歐美荷爾蒙牛肉案

（一）美歐爭端簡介

1. 背景

1989年，歐盟發布了一項禁令，絕對禁止人造荷爾蒙的使用，該項禁令最終導致歐盟禁止進口來自美國的荷爾蒙牛肉。1996年，美國根據WTO爭端解決程序對歐盟的該項禁令提起訴訟。1997年，在WTO爭端解決專家組做出了不利的裁決之後，歐盟提出上訴。WTO上訴機構做出了不利於歐盟的裁決，該裁決要求歐盟在不做風險科學評估的情況下，撤銷其有關荷爾蒙的禁令。由於歐盟沒有在15個月的時間期限內遵守WTO的裁決，接下來一份仲裁裁決授權美國對歐盟採取反措施。該項反措施的形式為對歐盟的部分進口產品按價徵收100%的關稅，關稅的累計數額為1.168億美元，即仲裁庭確認的美國因歐盟的禁令而導致的財政損失。儘管有上述裁決，儘管美國對歐盟課以關稅懲罰，儘管美國和歐洲進行了大量的貿易協商，至2001年美國新一屆行政機構上臺，歐盟仍然拒絕屈服，堅持禁止進口來自美國的高檔牛肉。

2. 美歐僵局的形成原因

美歐僵局的形成原因很複雜，包括兩方在文化和規章上的差異，也包括可能存

中歐食品貿易案例解析

在的貿易保護主義議程。此外，該爭議突顯出強制遵守 WTO 裁決所存在的困難。借用前美國貿易代表機構總理事的話「WTO 沒有監獄，沒有保人，沒有藍盔部隊也沒有警棍和催淚瓦斯。」

荷爾蒙牛肉爭議開始於 1987 年，那時 WTO 還沒有建立，因此美國便威脅說要根據 1974 年貿易法的 301 條款對歐盟的農產品提高 10% 的關稅。在很長一段時期內，美國和歐盟還可以就「臨時措施」問題進行協商，這些措施允許進口一些來自美國的牛肉以回應美國的 301 報復關稅。1989 年，GATT 委員會介入該爭議，但對爭議的討論卻被推遲了。最終，在 1996 年，即 WTO 建立 2 年後，美國請求成立一個 WTO 諮詢小組對荷爾蒙禁令進行研究。根據 WTO 爭端解決諒解書的規定——烏拉圭回合王冠上的寶石，「諮詢」是四層爭端解決程序的第一部，而荷爾蒙案剛好可以檢驗一下該爭端解決體系的能力限度。

2000 年 5 月，由於美國對 WTO 制裁行關稅的低效已經感到厭煩，並且由於美國對其國內的養牛業的關注，美國對舊的解決辦法提出了一個新的方法。舊的解決辦法，即 1974 年貿易法的 301 條款，使總統有權決定對任何「負擔、限制美國商業」或違反國際義務的外國政府、外國的法案、政策或實踐活動採取報復措施。而 2000 年 5 月 18 日克林頓總統簽署的 2000 年貿易與發展法第 407 部分的條款則給原來的 301 條款又加強了力度，該法案允許美國對被徵收報復性關稅的產品每 6 個月循環一次。

歐盟對這種「循環」式的制裁行為提出抗議，其認為這些措施是違反 WTO 規則的，因此其立即向 WTO 提出了申訴。2000 年 7 月，歐盟和美國參與了 WTO 爭端解決程序最初的諮詢階段。根據美國貿易代表的話，這些協商都是「形式主義」的，而不具有重要意義。直至今日，美國也沒有實行產品清單的循環制度。當英國首相布萊爾對蘇格蘭羊絨工業可能由於所提議的新關稅制度而遭受滅頂之災表示關注時，他顯然有能力阻止美國在 2000 年 9 月份執行該項循環制度。美國也曾經同歐盟討論過其對外國銷售公司的優惠稅收待遇問題，並且曾經試圖通過維持歐盟認為是違反 WTO 規定的制裁措施以加強其在談判中的地位。

然而，由於美國新成立的行政部門缺乏談判的經驗，因此其對以犧牲美國養牛業的方式保護奢侈的羊絨製品的做法沒多大興趣，要知道養牛業在過去 40 年裡是美國最大的獨立農業部門。在之後的 5 年裡，儘管美國國內的養牛業具有很大的競爭力，但由於牛肉價格急遽下降，養牛業一直都處於爭論之中。幫助養牛業擺脫下降趨勢的方法之一就是增加牛肉的出口，但數字顯示美國的牛肉和牛市場與其他國家相比其自由程度已經是不合比例的了。而且，儘管 WTO 仲裁庭所估計的 1.168 億美元的數額與整個幾十億美元的貿易數額來比好像不算顯著，但這個 1996 年確定的數額無論如何也無法反應出在今日全球經濟中自由貿易市場向最大進口集團出口的潛在數額。循環制裁可能會打開這個市場，而且美國貿易代表 Robert B. Zoellick 曾經暗示他認為這種循環制裁是使歐盟遵守世界貿易規則的一個「有力工具」。

第四章　歐盟食品安全法規下的食品貿易案例分析

(二) 荷爾蒙牛肉案的案情

1. 科學背景

自 20 世紀 50 年代起,美國的食品與藥品機構(FDA)和農業部(USDA)批准將內生的人造的牛生長激素(BGHs)作為一種安全的低耗的增加穀物來餵養牛,從而提高餵養效率的方法。人們在牛的耳朵後面加上一個鉛筆大小的擦拭器以使牛接受荷爾蒙。這樣牛就可以更快地將穀物轉化成美國消費者喜歡的多汁的高檔的「大理石般」的牛肉。大多數從美國出口的牛肉都是這種類型的產品。BGHs 在美國被廣泛使用,主要原因是它使餵養者在微利甚至是負利潤的市場上得以獲得競爭優勢。而相比之下那些需求很小的國家,或者那些對富含脂肪的肉類缺少財政補助支持的國家,牛就不必用昂貴的穀物來餵養,也就不需要 BGHs 所帶來的經濟利益。

2. 歐盟對促長荷爾蒙的政治反應

1981 年以前,歐盟各國對荷爾蒙激素持不同的政策。1981 年,由於有一份報告稱義大利的兒童由於食用各種含有「DES」的進口兒童食品而導致乳房發育過早,這就促使義大利對那些允許使用荷爾蒙的國家的各種進口產品進行抵制。而歐共體委員會針對公眾的關注發布了第 81/602 號指令,規定在進行進一步的研究之前禁止進口任何新的荷爾蒙製品。根據該指令,歐盟建立了一個有 22 名歐洲頂尖科學家的科學工作組,以判斷在動物身體上使用各種自然的和人造的荷爾蒙是否會對人類健康產生科學可以觀察到的影響。一年以後,也就是 1982 年,科學工作組發布了一份中期報告,表示其沒有發現使用荷爾蒙會產生任何有害反應。而對人工荷爾蒙,科學工作組報告稱其還需要更多的數據。

儘管有了這份中期報告,1985 年,歐洲議會還是通過了一份決議,表示有關內生的人造荷爾蒙問題的信息「遠不完全」。它還表示「肉類和肉製品的過度製造對歐盟共同農業政策增加了巨大的開支」。此前在引進牛奶限額的背景下發布的歐盟決議已經導致加劇屠宰奶牛以獲取牛肉的做法,使歐盟的牛肉產量超過了其政府干涉牛肉存儲量的兩倍還要多。該決議發布之後,科學工作組的一個預定會議被取消了,1985 年 12 月 31 日,歐盟頒布禁止使用內生荷爾蒙的法令,該規定表示只有為了治療和畜牧學的目的才可以例外使用內生荷爾蒙,並且完全禁止使用人造荷爾蒙。成員國有 3 年的時間使其國內法符合歐盟決議的規定。直至 1987 年 8 月,科學工作組的成員發布了其最終報告,結論認為他們研究的人造荷爾蒙在促進生長方面是安全的。

3. 其他影響歐盟考慮的因素

1984 年,在關於北海保護的第一次世界會議上學者們向國際論壇介紹了「預防原則」。這個頗具爭議的原則仍然在發展,但其認為一般來說,當面對不確定的和尚未知曉的結果的情況下,例如可能的海洋污染,科學可以告知決策部門可能的影

中歐食品貿易案例解析

響,但各民族的政治考慮在決策中處於優先地位。隨後,歐盟便將這一原則容入其環境政策之中,將其發展為國際環境理論的一項原則。現在,歐盟正利用這一原則要求轉基因食品貼上標籤。為了使歐盟委員會禁止使用內生的人造荷爾蒙的指令能夠應對各種法律上的質疑,歐共體法院似乎也在使用預防原則。法院認為歐盟的禁令不必只是依靠科學數據,對歐洲議會所表示的政治關注以及消費者的「焦慮和期望」做出反應是允許的。

1986年,牛腦海綿病或稱瘋牛病在英國被發現。由於包含被污染的羊肉和牛肉殘渣的蛋白質飼料被認為導致了這種疾病,1988年這些飼料被禁止使用。但直到1991—1992年該規章才被嚴格執行。那時,這種疾病已經開始流行,最終導致英國的牛肉工業產量下降到20年來的最低歷史水準。儘管歐盟為避免疾病的爆發做出了巨大的努力,並且也取得了一定的成功,但民眾對食品安全信心的喪失使歐洲的態度帶上了有色的眼鏡。而此時在英國爆發的口蹄疫也無助於歐洲態度的改變。

4. 歐盟的荷爾蒙禁令沒有得到科學風險評估的支持

1994年,135個成員方簽署了SPS協議(《關於衛生和植物衛生措施的WTO協議諒解書》),作為1984—1994烏拉圭回合談判最後法案的組成部分之一。SPS協議承認各主權國家有權採取影響食品安全和動植物健康的措施,但指出有關的規章不應當是「有爭議的或沒有充分理由的」歧視性政策。該協議還指出規章措施應當建立在科學風險評估的基礎上。而在起草SPS協議有關包含科學風險評估的規定時,與會者將「歐盟禁止進口促長荷爾蒙牛肉的禁令視為是制訂該項規定的原形」。

(三) WTO荷爾蒙牛肉案裁決

1. 專家組裁決:美國的勝利

1996年4月,由於諮詢被證明是沒有結果的,荷爾蒙牛肉案被提交到WTO專家組。專家組裁決該爭議適用SPS協議,而歐盟的禁令是有悖該協議第3.1、5.1和5.5條的規定的。奇怪的是,專家組沒有看SPS協議核心的第2條,該條規定貿易措施只能夠依據充分的科學證據得以維持。相反,專家組看的是第3.1條,該條要求成員國將其衛生和植物檢疫的措施建立在相應的國際標準的基礎上。專家組認為歐盟違反了該條的規定,理由是歐盟的標準不是建立在已有的法律標準之上的。第5.1條強制要求SPS協議必須建立在對「人類生命或健康進行符合情況的危險評估」的基礎上。專家組裁決歐盟沒有理由在沒有科學根據的基礎上超越國際標準訂立荷爾蒙禁令。第5.5條規定成員方應當避免在保護標準上使用「有爭議的或沒有充分理由的差別」措施,如果這些措施將導致在「國際貿易領域的歧視或偽裝的限制」的話。專家組裁決歐盟違反了上述規定,理由是歐盟在對添加荷爾蒙的製品上給予了更高的限制,而對那些自然存在在食物中的荷爾蒙,如肉類和奶類製品,給予了較少的保護,這也發生在為了促進生長而使用的一種有毒物質的殘留水準的不加限

第四章　歐盟食品安全法規下的食品貿易案例分析

制問題上。

2. 上訴機構的裁決縮小了專家組的裁決的適用範圍

歐盟向 WTO 的上訴機構提起了上訴，上訴機構推翻了針對 SPS 協議第 3.1 和第 5.5 條的專家組裁決，但支持了專家組認為的歐盟沒有將其規章建立在科學危險評估基礎上的裁決，這也就認定歐盟違反了第 5.1 條的規定。這是美國的慘勝。一些評論家認為上訴機構的裁決削弱了 SPS 協議的力量，顯示出上訴機構在處理複雜全球問題上的能力欠缺。上訴機構駁回法律標準的裁決顯然是在統一標準過程中的一個退步。而且，上訴機構推翻了要求評估必須在貿易措施執行時就已經做出的規定。這就使保守的或其他類型的科學家的科學發現打開了大門，這就為在風險評估過程中，上訴機構裁決認為 SPS 協議可以源於一個「有資格的受尊敬的來源的分歧意見」而不是唯一依靠「主流」的科學觀點的做法提供了基礎。因此，專家組所駁回的預防原則被上訴機構以有限的形式重新採納。

此外，SPS 協議列舉了在進行風險評估時的大量考慮因素。上訴機構裁決該清單不是窮盡的，它認為「第 5.5 條規定的風險不僅僅是科學實驗室裡可確定的風險，也包括人類社會中確實存在的風險，換句話說，也就是包括在人類確實生活、工作和死亡的現實世界裡那些對人類健康產生實際潛在負面影響的風險。」這就表明在一個游戲中參與者可以在風險評估中加入文化的偏愛和社會的價值取向。

3. 仲裁裁決允許美國實施反措施

歐盟辯稱上訴機構的裁決允許其在維持禁令的情況下進行新的評估工作。但美國表示反對，認為歐盟的禁令應該在 DSU 第 21 條第 3 部分所規定的合理時間內被撤銷。由於雙方無法在時間問題上達成一致，該事項依據 DSU 第 3（c）部分的規定被提交有約束力的 WTO 仲裁機構。仲裁員要求歐盟在 15 個月的期限內，也就是在 1999 年 5 月 3 日之前遵守裁決。根據美國的訴稱，仲裁裁決規定歐盟在進行新科學評估的同時拖延法律方面的改革。

15 個月後，歐盟沒有做出任何撤銷禁令的努力，它也沒有做出新的風險評估。WTO 批准美國採取反措施，並且選舉成立了一個仲裁庭以決定反措施的數量。1999 年 7 月，仲裁庭批准了對美國貿易代表所提出產品清單中的價值 1.168 億美元的貨物按價徵收 100% 的關稅。美國立即從清單中選取了部分貨物課以關稅。儘管歐盟在仲裁裁決前表示願意與美國進行協商，但它最後又放棄了。這表明從歐盟的觀點來看，仲裁庭確定的數額太低不值得進行討價還價，或者可能不遵守 WTO 規定的社會政治贏利超過了因制裁性關稅而導致的損失。

荷爾蒙牛肉案突顯出美國和歐盟在政治和文化上的不同，雙方在食品和科學方面顯然持不同的態度。這種不同被歐盟成員國的健康危機以及來自擁有數百萬美元資產的農業企業的經濟和政治壓力所惡化。對轉基因生物的接受在歐洲也遇到同樣的問題，而且可能在 WTO 體系內引起更多的複雜問題。DSU 和 SPS 協議在荷爾蒙牛肉案中的失敗可能最終會為將來修改爭端解決程序提供成果。

中歐食品貿易案例解析

美國的牛肉業因該案而遭受損失，而同時儘管有許多有利的 WTO 裁決，美國政府在與其最大的貿易夥伴發生摩擦 15 年後卻仍然無所作為。在該案中，如果循環制裁真的被認定為合法的話，那麼使用該制裁措施也許是有充分的理由的，因為該案耗時長久而且歐盟故意不遵守 WTO 裁決，加之雙方同是貿易巨頭其經濟實力相當。很顯然，DSU 程序本身已經無法及時強制不遵守裁決方執行適當的反措施，也無法保證反措施是能夠促使遵守裁決的臨時措施。因此，在荷爾蒙牛肉案中，類似 SPS 協議這樣的多邊協議可能預示著多邊法律義務最終代替雙邊貿易制裁，並且將證明其在促使遵守 WTO 裁決時更為有效。然而，現在所有的情況都顯示該案的進展非常緩慢而且具有政治上的不穩定性。實際上，貿易談判經常是在政治環境下進行的，而且與許多其他不同的爭議和事項有關。因此，其他綜合考慮可能會影響荷爾蒙牛肉案的最終解決，而無論其巨大的訴訟價值。

● 五、案例 4：歐盟香蕉進口、銷售和分銷體制案

歐盟關於香蕉進口、銷售和分銷體制案（European Communities—Regime for the Importation, Sale and Distribution of Bananas，下稱「香蕉案」）是 GATT/WTO 體制下非常值得關注的一個案例。該案歷時近十年，涉及歐盟、美國及一系列拉美國家。該案涉及的協議及條款眾多，案情歷經一波三折非常複雜。歐盟有著僅次於美國的世界第二大香蕉消費市場，每年進口香蕉約 390 萬噸，價值近 60 億美元。自歐盟成立伊始，香蕉問題便一直是一項敏感議題。原因在於，一方面，香蕉是不少亞非拉發展中國家通過出口換取外匯的主要產品；另一方面，從哪些國家或地區進口香蕉，每年具體進口數額的多少，又是歐盟各國貫徹其對外經濟和外交政策的重要槓桿。

從總體上看，歐盟市場上的香蕉主要來源於三部分：一是歐盟成員國自產或來自直接隸屬於某些歐盟國家的海外領土，如加勒比地區的英聯邦成員國及法國的海外省等；二是通過《洛美協定》（Lomé Convention）同歐盟保持特惠經貿關係的非洲、加勒比海和太平洋地區國家（Africa, the Caribbean and Pacific，以下簡稱「ACP 國家」或「非加太國家」）；三是拉丁美洲國家。原產於拉丁美洲國家或地區的香蕉因為產量豐富、質優價廉，在歐盟市場中長期占據優勢競爭地位。同時，這部分香蕉由於通過 Chiquita 和 Dole 等美國幾大跨國公司的海外投資，實施由種植、收購、運輸、催熟、促銷、零售等一體化生產經營戰略，因而也被形象地稱為「美元香蕉」（US Dollar Bananas）。圍繞歐盟的香蕉進口體制，一共發生了三起提交到 GATT/WTO 體制解決的紛爭。

（一）第一香蕉案

香蕉案的源頭可以追溯到 20 世紀 50 年代後期，當時歐盟與 ACP 國家中的幾個

第四章　歐盟食品安全法規下的食品貿易案例分析

前歐洲殖民地國家建立了優惠性的貿易安排，其中包括免稅進口這些國家的香蕉，目的在於使這些香蕉與來自拉美的香蕉相比具有更強的市場競爭力。但歐盟與 ACP 國家連續的這類貿易安排影響到拉美國家的香蕉在歐盟市場上的地位。鑒於美國幾家大的跨國公司在拉美香蕉生產中有重要的投資和利益，歐盟與 ACP 國家之間的貿易安排使美國的經濟利益也受到了影響。而美國加入香蕉案，使得爭端各方更加勢均力敵，爭端也更加深入複雜且曠日持久。

1992 年，拉美國家（包括哥斯的黎加、哥倫比亞、尼加拉瓜、危地馬拉和委內瑞拉等）首先利用 GATT 爭端解決程序對歐盟的香蕉進口體制提出異議，宣稱歐盟的香蕉進口配額和許可制度違反了 GATT 規則。後來應這些國家要求，GATT 理事會成立了專家組來審理此案。專家組於 1993 年 6 月 3 日裁決，歐盟的配額體系違反了 GATT 第 1 條和第 11 條的規定。但由於 GATT 爭端解決機制中要求全體締約方（包括敗訴方在內）「一致同意報告的通過」，導致第一香蕉案的裁決由於歐盟和 ACP 國家的阻撓而未能正式通過。

（二）第二香蕉案

在第一香蕉案之後不久，歐盟理事會通過了「EEC 第 404/93 號規則」（regulation），改變了歐盟的香蕉進口體制。該規則自 1993 年 7 月 1 日生效，整合了歐盟成員國的香蕉進口監管模式，並成立了香蕉共同市場組織（Common Market Organization，下稱「CMO」），基本統一了歐盟 12 個成員國的香蕉市場。

（三）第三香蕉案

1. 案件進程的簡要概括

既然第一和第二香蕉案均未能使歐盟改正其有關香蕉進口體制措施，美國及若干拉美國家在 WTO 成立後，繼續尋求解決問題的辦法。1996 年 2 月 5 日，厄瓜多爾、洪都拉斯、危地馬拉、墨西哥及美國，根據 DSU 第 4 條、GATT1994 第 23 條、《進口許可程序協議》第 6 條、GATS 第 23 條、《與貿易有關的投資措施協議》（Agreement on Trade-Related Investment Measures，TRIMs）第 8 條及《農業協議》第 19 條，再次要求就歐盟有關香蕉進口、銷售和分銷制度與歐盟進行磋商。

五個原告方單獨或聯合進行了行動，主張歐盟有關香蕉進口、銷售和分銷制度與 WTO 協議不符。各方於 1996 年 3 月 14 日及 15 日進行了磋商，但未能達成協議。1996 年 4 月 11 日，厄瓜多爾、危地馬拉、墨西哥及美國要求 DSB 成立專家組，以解決相關爭議。專家組於 1996 年 5 月 8 日成立，並於 1997 年 5 月 22 日向成員公布其報告。專家組在報告中裁決，歐盟的香蕉進口體制違反了 GATT 第 1 條第 1 款、第 3 條第 4 款、第 10 條第 3 款以及第 13 條第 1 款，違反了《進口許可程序協議》第 1 條第 3 款以及 GATS 的第 2 條和第 17 條。1997 年 6 月 11 日，歐盟就專家組報

中歐食品貿易案例解析

告提出上訴。上訴機構維持了專家組報告中的大部分結論。上訴機構報告於1997年9月9日公布。由於雙方未就裁決的執行期達成協議，因此依據DSU第21條第3款(c)項規定，該案又成立了仲裁庭，由原專家組成員對此進行裁決。仲裁結果是，要求歐盟在1999年1月1日之前，按照其在WTO項下的義務修改有關香蕉體制中的措施，即歐盟執行報告的期限被確定為從1997年9月25日到1999年1月1日。1998年7月20日，歐盟理事會通過了第1637/98號規則，對原有的404/93號規則中受到爭議的措施進行了修改，但對香蕉的進口管理依然以關稅配額為基礎。此外，歐盟委員會於1998年10月28日通過了第2362/98號規則，對1637/98號規則中的某些執行細節做了進一步的詳細規定和部分修改。上述兩個規則均於1999年1月1日生效。

2. 進一步的紛爭——針對歐盟執行措施的不滿及相關行動

美國和其他申請四國認為歐盟關於香蕉進口、分銷和銷售的新制度只是對原有規則換湯不換藥的修改，仍繼續保留了原制度中的歧視性，雙方由此開始了進一步的紛爭。

1998年10月22日，美國宣布根據1974年貿易法「301條款」對歐盟進行貿易報復，並於12月15日公布報復清單。就在美國公布報復清單的當天，歐盟根據DSU第21條第5款，就其香蕉進口制度的修正是否符合WTO規則的問題要求設立專家組進行裁決。美國堅決反對這一要求。1999年1月14日，美國據DSU第22條第2款，要求DSB授權中止對歐盟的減讓，數額為5.2億美元。1月19日，歐盟據第22條第6款，要求對美國提出的中止減讓水準進行仲裁。1999年1月12日，DSB同意召集原來的專家組，據第21條第5款審查歐盟和美國的申請。根據第22條第6款，美國提出的中止減讓的要求被DSB推遲到中止減讓水準的仲裁裁決做出之後。

面對美國和歐盟僵持不下的對立局面，1999年1月26日，當時的WTO總干事魯杰羅為促成美歐達成妥協，以DSB推遲考慮美國授權報復請求作為交換條件，說服歐盟同意就報復水準進行仲裁。在歐盟要求的專家組程序中，專家組裁定，歐盟的實施措施並未符合DSB的建議。而在歐盟要求的就美國提出的中止減讓水準的仲裁中，仲裁庭於1999年4月9日做出仲裁報告，認為沒有理由等到第21條第5款專家組程序做出結論後，才啟動第22條6款進行仲裁，但將美國提出的貿易報復金額從5.2億美元削減為1.914億美元。之後，美國亦正式請求DSB授權報復。DSB於1999年4月19日授權美國對歐盟進行價值為1.914億美元的貿易報復。

由香蕉引發的貿易戰愈演愈烈。出於對歐盟修正措施仍然不符合WTO規則的不滿，厄瓜多爾於1998年12月18日根據DSU第21條第5款，要求重新召集原來的專家組，審查歐盟實施DSB的措施是否與WTO義務相一致。厄瓜多爾聲稱歐盟違反了GATT的第1條和第13條，以及GATS的第2條和第17條。在厄瓜多爾要求進行的專家組程序中，1999年4月12日，專家組公布其報告，裁定歐盟的實施措

第四章　歐盟食品安全法規下的食品貿易案例分析

施與歐盟的 WTO 義務不完全一致。DSB 於 5 月 6 日通過了該專家組報告。

1999 年 11 月 19 日，厄瓜多爾要求 DSB 授權其對歐盟的 13 個成員國進行貿易報復，歐盟同時要求對報復水準進行仲裁。仲裁報告於 2000 年 3 月 24 日公布，裁決厄瓜多爾遭受的利益損失水準為每年 2.016 億美元，厄瓜多爾可尋求授權據 GATT 和 GATS 中止減讓，如不足可據《與貿易有關的知識產權協議》（Agreement on Trade-Related Intellectual Property Rights, TRIPs）相關條款中止減讓。2000 年 5 月 8 日，厄瓜多爾尋求 DSB 授權中止減讓，DSB 於 5 月 18 日給予其授權。

3. 最終協議的達成——香蕉案的終結？

2001 年 4 月 11 日，歐盟與美國就解決香蕉貿易爭端達成最終協議，不久歐盟和厄瓜多爾於 4 月 30 日也就解決香蕉貿易爭端達成最終諒解。根據這些協議與諒解，2001 年 5 月 2 日，歐洲委員會通過了旨在實施上述協議與諒解的第 896/01 號規則。對冗長的香蕉案爭議的最終正式解決是在 2001 年 12 月 19 日，歐盟理事會通過決議，實施新的香蕉進口體制，將在 2006 年 1 月 1 日之前建立只有通過關稅調節的香蕉進口體制。在此之前，歐盟將以 1994—1996 年的歷史貿易額為基礎分配進口許可證，並增加 B 類配額 10 萬噸，減少 C 類配額 10 萬噸。在獲得 WTO 根據 GATT1994 第 13 條給予豁免的前提下，C 類配額將排他地保留給 ACP 香蕉出口國，這將在一定程度上緩解日益增加的競爭對 ACP 國家的經濟影響。在新的香蕉進口體制下，傳統的香蕉供應國將可以獲得全部進口配額中的 83%，非傳統的供應國（如厄瓜多爾）可以獲得剩餘的 17%。歐盟和 ACP 國家簽署了夥伴協議（The ACP-EC Partnership Agreement），以確保將來的香蕉體制不會對 ACP 國家造成太大衝擊。但這項協議需要獲得多哈授權豁免才能實施。

美國與厄瓜多爾保證，支持歐盟獲得所必需的 WTO 授權。一旦完成上述步驟，將明確撤銷對歐盟的貿易制裁。歐盟將盡可能迅速地充分執行上述協議和諒解。在 2001 年 11 月 9 日至 14 日召開的 WTO 第四屆部長大會期間，歐盟獲得了部長大會根據 GATT1994 第 13 條給予的豁免。美國與厄瓜多爾隨後撤銷了對歐盟的貿易制裁。

2005 年 3 月底至 4 月初，哥倫比亞、哥斯得黎加、厄瓜多爾、危地馬拉、洪都拉斯、巴拿馬、委內瑞拉、尼加拉瓜以及巴西又針對多哈授權決議訴諸仲裁，認為歐盟在轉向完全香蕉進口關稅制度中實施的措施與多哈授權不一致。2005 年 8 月 1 日公布的仲裁報告認為，歐盟在轉向關稅再約束過程實施的制度與保證所有享受最惠國待遇的香蕉提供者的全部市場份額之間仍有差距。因此雖然經過這麼多年的反覆修改，就歐盟的香蕉進口體制進行的紛爭仍然沒有結束。

六、案例 5：中國凍蝦仁遭歐盟退貨案

（一）案例背景

2002 年 1 月 4 日，舟山凍蝦仁因氯霉素殘留遭歐洲退貨。浙江舟山出產的凍蝦仁以個大味鮮名聞海內外，歐洲是它多年來的傳統市場。然而，最近舟山凍蝦仁突然被歐洲一些公司退了貨，並且要求索賠。經過分析原因，原來當地檢驗部門從部分舟山凍蝦仁中查到了 10 億分之 0.2 克的氯霉素。凍蝦仁裡哪來的氯霉素？浙江省有關部門立即著手調查。結果發現，環節出在加工上。剝蝦仁要靠手工，一些員工因為手癢難耐，用含氯霉素的消毒水止癢，結果將氯霉素帶入了凍蝦仁，造成大量退貨。氯霉素事件之後，歐盟全面停止了對中國凍蝦仁的進口。

（二）中國農產品出口面臨的綠色貿易壁壘

中國入世後意味著中國經濟將從此納入世界經濟一體化軌道。入世之前，關稅、數量限制等是影響中國農業產品出口的主要壁壘，而入世後嚴格的技術標準、複雜的質量認證，以及名目繁多的包裝、標誌和衛生及環保要求構成了新的貿易壁壘，這種壁壘更隱蔽、更難對付。2001 年中國約有 70 多億美元的出口商品受到綠色貿易壁壘的影響，2002 年以來更呈現增加趨勢。

目前已經對中國實施農產品貿易綠色壁壘的國家仍是未來對中國實施農產品貿易綠色壁壘的高概率國家。據統計，主要包括英國、德國、日本、加拿大、西班牙、阿拉伯聯合酋長國、韓國、墨西哥、荷蘭、沙特阿拉伯、俄聯邦和菲律賓。這是由中國農產品出口國家的地域分佈來看的。

中國的蔬菜、水產品、肉類產品和水果是進出口量最大的農產品，是特別值得我們關注的農產品。而這些產品恰恰是最容易遭受綠色貿易壁壘的產品種類。近年來，由於中國出口農產品貿易額增加，許多國家為了限制他國的農產品出口，保護自己的農業生產，對中國主要的農產品出口採取了一系列的綠色貿易壁壘措施。「凍蝦仁事件」給我們上了沉重的一課。近幾年中國農產品由於質量安全方面的原因而在國際市場屢屢受挫的狀況已經不在少數。加快發展綠色食品，確保農產品的質量安全，已經成為推動中國農村經濟繁榮、增強農產品在國際市場競爭力的重要環節。

中國的綠色食品規範化起步於 20 世紀 80 年代末，儘管目前已形成了由各級綠色食品管理機構、環境監測機構、產品質量監測機構組成的工作系統，建立了涵蓋產地環境、生產過程、產品質量、包裝儲運、專用生產資料等環節的技術標準體系，但綠色食品的數量和產值仍然偏低。據農業部有關專家介紹，目前中國有 1,100 多家企業生產的 2,000 多個產品使用綠色食品商標標誌，食品生產量一年為 1,500 萬

第四章　歐盟食品安全法規下的食品貿易案例分析

噸，年銷售額 400 億元。這個數量在總體上還是偏小。浙江省有很多的優質農產品資源，但評上國家級綠色食品的只有 8 個。綠色食品品種和數量過少的根本原因，在於我們長期在農業生產上片面追求數量，忽視了對農產品質量的要求。農業部有關專家在浙江省國際農產品博覽會上提出，中國入世之後，質量將成為綠色食品的生命和市場價值所在，必須嚴格執行科學的綠色食品標準，確保質量，以質量促發展，才能保證中國農產品在國際競爭中的地位，否則是無法抗拒「洋產品」的挑戰的。

(三) 中國對 WTO 在農業方面所做承諾

(1) 降低進口農產品平均關稅。

農產品的平均關稅從 2001 年的 17.9% 降到 2004 年的 15.6%，2010 年降到 15%。1,000 多種農產品中，其中有 80 餘種降到 17% 以內，比如牛肉從 40% 降到 12%，豬肉 20% 降到 12%，禽類 16% 降到 12%，水果 40% 降到 10%。另外，大豆實行單一關稅管理，進口稅率為 3%。

(2) 農產品進口實行關稅配額管理制度。

該制度主要在大宗農產品開放方面，對小麥、玉米、大米、植物油、糖等一些重要農產品，由原來實行絕對配額管理制度轉變為實行關稅配額管理制度，在配額之內進口國只能採取 1% 的關稅，從入世之日起到 2004 年，中國承諾的關稅配額是，小麥從 845.2 萬噸到 940 萬噸，大米 376 萬噸到 530 萬噸，玉米 560 萬噸到 720 萬噸，棉花 81.4 萬噸到 89 萬噸，大豆油 251 萬噸到 330 萬噸。

(3) 根據 WTO 規則，一個國家使用關稅配額方式時，政府不準壟斷控制——包括壟斷價格，把一定比例分配給非政府指定的其他貿易部門甚至非國營部門。

(4) 世貿組織規定，發展中國家對農業的黃箱補貼為當年農業 GDP 的 10%；發達國家為 5%，中國承諾為 8.5%。

(5) 不對任何出口農產品進行補貼。

(6) 農業服務領域，入世後允許外國企業在中國設立從事農業、林業、畜牧業、漁業相關服務的合營企業；入世後 3 年內，允許外國服務企業從事農藥和農膜的分銷，並在中國加入後的 5 年內，從事化肥、成品油和原油的分銷。

(四) 解決方案

1. 加強水產品質量檢測

中國入世之後，質量將成為綠色食品的生命和市場價值所在，必須嚴格執行科學的綠色食品標準，確保質量，以質量促發展，才能保證中國農產品在國際競爭中的地位，否則是無法抗拒「洋產品」的挑戰的。

從「凍蝦仁」事件中吸取教訓，浙江省開始制訂一系列鼓勵發展綠色食品、打

擊危害食品安全活動的措施。杭州市對肉豬實行強制性尿檢，凡發現有「瘦肉精」等激素的，一律不準上市，並對責任人加以處罰。省政府拿出 100 萬元，讓省農業廳抓緊制定浙江省的綠色食品標準，在省裡評綠色食品，評上「綠色」貼上標籤的，由省政府給以獎勵，評上一個獎勵一個，動員越來越多的農戶自覺地參與綠色食品的開發。

2. 保證信息與時俱進

信息缺失造成的生產和檢測與國際的嚴重脫節，是其中最為重要的原因。在歐盟風波之前，舟山企業的工人在剝制凍蝦仁時，一直使用氯霉素塗手止癢，企業和質檢部門根本就不知道歐盟對氯霉素的殘留有如此嚴格的標準。此外，中國現有的行業標準中規定的檢測項目和數量，也與出口各國的具體要求相距甚遠。

3. 更新檢測設備

檢測設備落後，許多檢測因為沒有相關的設備而無法實現嚴格的質量控制。作為水產品出口的重點地區，舟山的檢測機構和設備在全國都算是比較齊全和先進的。舟山出入境檢驗檢疫局水產品實驗室干事陳明環說，他所在的檢驗檢疫局水產品實驗室是華東地區最權威的區域性檢測實驗室。「可在氯霉素事件發生之前，我們在這方面的監測幾乎是空白。」與此同時，全國當時也幾乎沒有幾家機構能夠對磺胺、氯霉素、溴制劑、碘制劑、礬類制劑等一些化學藥品和獸藥類的殘留進行檢測。大量檢測設備必須依賴進口，由於缺乏專業培訓和應有的重視，檢測人員的水準也與國外相去甚遠。有些檢測指標，如藥物殘留等，國外能夠檢出，而國內的設備和技術人員卻無法檢出，給出口帶來了被動。

(五) 後續

經過兩年的整頓措施，曾因氯霉素殘留而痛失歐盟市場的舟山凍蝦仁，於 2004 年 8 月份開始國恢復了對歐盟的出口。

七、案例 6：黑龍江豬肉出口成功規避綠色貿易壁壘

2014 年 11 月 20 日，黑龍江望奎雙匯北大荒食品有限公司生產的 125 噸豬肉，從大連港出發漂洋過海，運抵俄羅斯符拉迪沃斯托克。對於中俄貿易來說，這是一個歷史性的時刻。因為，俄方對中國的偶蹄類動物及動物產品，從此敞開了緊閉 10 年之久的限制大門。而在這一歷史性突破的背後，是從國家質檢總局到各地檢驗檢疫機構與俄方長達 10 年之久的持續不懈的溝通和磋商。

第四章　歐盟食品安全法規下的食品貿易案例分析

(一) 十年封鎖漫長磋商

很少有人知道，作為當今世界毗鄰而居的兩個大國，過去 10 年間，中國出口俄羅斯的豬肉僅有 4,000 多噸。這是個什麼概念？用兩個數據來做個對比便一目了然。數據一：俄羅斯每年豬肉進口需求量在 35 萬噸至 40 萬噸；數據二：俄羅斯曾是中國肉類出口的最大市場，2000 年前的最高峰期年出口量達 30 萬噸。

2004 年 9 月，俄羅斯獸醫與植物衛生監督局（以下簡稱農監局）向該國各口岸發出通告，以中國動物疫情不明為由，全面禁止中國偶蹄類動物及動物產品進口，中國對俄出口豬肉貿易陷入停滯狀態。這道貿易壁壘，一豎就是整整 10 年。

其間，因為地理上的原因，國家質檢總局最後把談判任務交給了黑龍江省檢驗檢疫局，由其代表國家質檢總局和俄羅斯遠東地區的農監部門進行談判。黑龍江局接手後，又談了 4 年多，可以說是異常艱苦。此後的談判過程，幾經磋商，屢現曙光，但這層看似薄如蟬翼的隔膜，卻始終無法捅破。而這道貿易壁壘，也令中俄雙方都深受其害。

(二) 幾經波折終破壁壘

中國作為世界上最大的生豬養殖和屠宰國家，自 2012 年以來，黑龍江省豬肉價格開始連續走低，豬肉市場低迷，一些中小養殖場接連倒閉。這一點，在號稱「黑龍江省生豬養殖第一大縣」的望奎縣，體現得格外明顯。

從 1998 年就開始養豬的望奎縣養殖戶邵軍，在接受《法制日報》記者採訪時說，這三年，已經把前十幾年掙的 20 多萬元全都賠了進去，虧損數額估計得有三四十萬元。而對於俄羅斯來說，這道壁壘同樣也令自己陷入麻煩。據介紹，在 2014 年之前，俄羅斯豬肉的採購，主要來自美國和歐盟。這一是因為美國和歐盟的生豬飼養量比較大；二是因為美國和歐盟的現代化程度比較高，因此在價格上也很有競爭優勢。

2014 年下半年，受烏克蘭局勢影響，美歐對俄實施大規模經濟制裁，為了報復，從當年 8 月 7 日起，俄羅斯開始限制從美國、歐盟、加拿大、澳大利亞、挪威等對俄實施經濟封鎖的國家進口牛肉、豬肉、水果、禽類、奶製品等食品。這樣一場國際形勢的風雲突變，讓俄羅斯痛下決心，尋求新的貿易夥伴。

2014 年 7 月 1 日，國家質檢總局食品局與俄農監局局長助理阿列克謝進行臨近終點的技術磋商。同年 9 月，俄羅斯最終批准了黑龍江兩家企業為首批對俄出口豬肉的企業。至此，在歷經 10 年之久的艱苦磋商後，黑龍江省成為目前中國唯一獲准對俄出口豬肉的省份。

(三) 三方簽字才能封箱

事實上，即便是最後放開的兩家企業，也是雙方不斷妥協後的結果。按照程序，中方先推薦企業。首批推薦了11家生豬屠宰企業，俄方在經過來華現場考察篩選後，最終確定了兩家。俄方解禁的第一步，只是區域性解禁，而不是對整個中國。

作為此次入選的兩家企業之一——望奎雙匯北大荒食品有限公司（以下簡稱雙匯公司），俄方在對出口企業審核時相當嚴苛，不但對屠宰加工企業的衛生、屠宰的流程、方法、標準以及品質都有嚴格的要求，而且要由俄羅斯方面派員來界定生豬來源是否是來自備案廠的生豬。俄方還專門派出駐廠獸醫官，備案廠的管理，尤其是防疫管理、微生物管理和藥用管理、重金屬的檢測，都是由中方出入境檢驗檢疫局人員、俄方駐廠獸醫官和企業共同完成，只有三方都在檢驗單上簽字以後，出口產品才能進行單獨封箱、單獨存放等待裝車。

恢復對俄出口豬肉後，檢驗檢疫部門對出口肉類備案養殖場的管理和規範也變得更嚴格了。作為備案養殖戶來說，要簽訂協議書，承諾對藥物殘留等嚴格限定，要負法律責任。

中國對出口食品的管理制度是比較嚴格的，比如說生豬養殖場，除了要符合內銷的各項管理規定，還要取得出口備案資格，食品加工廠才能採購其生豬，用於出口加工。望奎還有很多這樣規模的飼養場，但大部分都沒有取得出口備案資格，食品加工廠便不能向其採購。

此外，按照國家質檢總局的要求，黑龍江省檢驗檢疫局還對全省11家出口豬肉備案企業和8家進口肉類收貨人進行了監督檢查。約談了雙匯集團等兩家出口企業，要求企業嚴格遵守中俄兩國規定，切實履行食品安全第一責任人責任。

在政府和檢驗檢疫部門的大力推動下，恢復豬肉對俄出口過程著實不易，對企業來說也是一個很大的機遇，為了獲得俄羅斯市場對中國產品的認可，為了帶動黑龍江的豬肉市場早日走出低谷，再嚴苛的標準，作為企業來說也值得。

(四) 由點到面迎接挑戰

從2014年9月解禁至同年年底，共有黑龍江省的4,198噸優質豬肉陸續抵達俄羅斯。這對高峰時一天能屠宰4,000多頭豬的雙匯公司來說，這個數字顯然「杯水車薪」。令人感到憂心的，是在望奎雙匯公司的標準化冷庫裡，準備出口俄羅斯的豬肉已經裝箱完畢多日，但因為近段時間盧布的貶值，公司暫停了發貨。

2014年，盧布兌美元全年累計貶值逾45%。2013年11月，俄羅斯國內生產總值出現自2009年以來的首次萎縮，年底通貨膨脹率達11%，盧布的貶值讓出口企業始料未及。即便如此，企業仍然在想辦法，比如說把物流方式從海運改成更方便的陸運，節省結算時間，降低成本，以應對外部經濟環境的挑戰。

第四章　歐盟食品安全法規下的食品貿易案例分析

畢竟，俄羅斯對於豬肉製品的剛性需求不會因為經濟環境而產生巨大變化，中國特別是黑龍江省與俄羅斯相毗鄰，產品的質量和價格優勢會隨著時間進一步放大。接下來出口量希望加大到總產量的40%，而這將對包括生豬養殖、屠宰加工企業、物流企業、甚至上游的飼料種植加工的整條出口產業鏈都會有很大的幫助。

恢復對俄豬肉出口提振了市場信心。據統計，恢復對俄出口豬肉之前，黑龍江省豬肉備案養殖場191家，而在恢復對俄出口豬肉之後，僅9月和10月兩個月，共有422家養殖場申請備案，備案養殖場數量增加了120%。通過政府有關部門的努力，幫助企業打開了這個市場，站在企業的角度，應該珍惜這一來之不易的機遇。

對於政府部門來說，應該做的就是把市場打開，扶持企業發展，去解決企業最想解決又無力去解決的問題，同時按照國家的法律規定，做好職責內的監管工作。

小結

食品衛生安全是當今世界各國普遍重視的一個全球性問題。歐盟作為世界上法制最完備、經濟最發達、科技最先進、公民生活質量最高的地區之一，也曾屢屢遭受食品安全問題的嚴重衝擊。以上六個典型案例分別從歐盟內部、歐美之間、中歐之間等多方面、多角度地分析了歐盟食品安全法規體系下的貿易情況，從中可以看出，即使是標榜擁有世界上最嚴格食品安全制度的歐洲，如果放鬆管制和要求也會出現食品安全事件；而中國作為各類制度正處於完善和進一步規範階段的發展中國家，只要嚴格監督管制，大力扶持企業，也可以解決看似難以解決的食品安全問題。

第五章 中國應對歐盟等發達國家和地區技術貿易壁壘的措施

　　針對日益嚴格的技術性貿易壁壘，從破壁主體看，政府應當積極面對，並發揮其引導作用；行業協會、民間社團、企業也應以積極、主動的態度加緊對有關貿易協定知識的學習並對其加以運用，在新的貿易保護主義下，齊心協力共同跨越外國技術性貿易壁壘。從戰略調整上看，中國食品出口發展應當鼓勵自主開發、直接對外投資的破壁方式。同時築起自己的技術性貿易防衛體系，在破壁戰略上實現跟隨壁壘向自主設置壁壘轉變，盡快縮短與發達國家在技術性貿易壁壘方面的差距。

● 一、戰略上的調整：鼓勵自主開發、直接對外投資

　　「十二五」規劃建議指出：加快轉變對外貿易增長方式。優化進出口商品結構，積極發展對外貿易，著力提高對外貿易的質量和效益。擴大具有自主知識產權、自主品牌的商品出口，鼓勵進口先進技術設備和國內短缺資源，控制高能耗、高污染產品出口，完善大宗商品進出口協調機制。繼續發展加工貿易，著重提高產業層次和加工深度，增強國內配套能力，促進國內產業升級。大力發展服務貿易，不斷提高服務貿易的層次和水準。健全外貿運行監控體系，完善公平貿易政策，增強處理貿易爭端能力，維護企業合法權益和國家利益。推動區域和雙邊經濟合作，積極參與多邊貿易談判，促進全球貿易和投資自由化、便利化。實施互利共贏的開放戰略。深化涉外經濟體制改革，完善促進生產要素跨境流動和優化配置的體制和政策。繼

第五章　中國應對歐盟等發達國家和地區技術貿易壁壘的措施

續積極有效利用外資，切實提高利用外資的質量，加強對外資的產業和區域投向引導，促進國內產業優化升級。著重引進先進技術、管理經驗和高素質人才，做好引進技術的消化吸收和創新提高。繼續開放服務市場，有序承接國際現代服務業轉移。支持有條件的企業走出去。按照國際通行規則對境外投資的協調機制和風險管理，加強對海外國有資產的監管。吸引外資能力較強的地區和開發區，要注重提高生產製造層次，並積極向研究開發、現代流通等領域拓展，充分發揮集聚和帶動效應。積極發展與周邊國家的經濟技術合作。在擴大對外開放中，切實維護國家經濟安全。製成品在國際貿易商品結構中所占的比重將日益增大，即使是初級產品也不例外，綠色化傾向也越來越強。政府和全社會要加大宣傳教育力度倡導健康消費、文明消費，提倡符合人類需求發展方向的消費模式和生活方式。與此同時，政府應強化政府、企業、農戶關於食品的標準化意識，把工業化生產的理念運用於食品生產，在採用現代農業科技成果和先進經驗的基礎上，通過制定食品生產、加工標準，規範食品生產、加工、經行銷售等各個環節的活動，提高產品質量，增強農業經濟效益。食品標準化生產以及人們標準化意識的提高有利於充分利用農業資源，保護生態環境、保障消費安全、促進能突破 TBT 的新產品大量湧現。隨著中國加入世貿組織後，農業國際化的趨勢日益增強，食品面對國際市場的激烈競爭和嚴峻挑戰。加快推進食品標準化，確保食品質量安全，提高食品的市場競爭力，是中國食品成功開拓國際市場的必然選擇。「十一五」規劃明確指出，中國要進一步提高對外開放水準，同時也強調要加強企業的自主創新能力，積極發展對外貿易，改變中國對外貿易增長方式。

政府應當逐步建立以省級機構為依託、市級機構為骨幹、縣級機構為基礎的食品檢測體系，並建立健全食品質量安全監測制度，對食品產前、產中、產後安全要素進行有效監控。市級質檢部門和涉農部門的檢測機構要根據各自的專業特點、分工負責，避免重複建設的原則，完善食品的質量安全檢測手段，實現對動、植物疫病、農業生產環境污染物、食品中農藥殘留量、食品中有害微量元素檢測和食品品質及主要質量指標的常規檢測。積極推行相關認證工作，加強食品質量監測體系建設，政府應當加強引導企業盡快建立健全食品認證和產品註冊體系、食品質量檢測和監督體系、食品安全市場體系，從生產、流通、加工等各個環節對出口食品質量進行監控，提高食品的國際競爭力。

● 二、完善技術創新體系，大力支持和推動行業公共技術服務平臺的建設

業內專家分析認為，技術性貿易措施是一項以技術為基礎，以人才資源為技術核心的工作。國外技術性貿易措施對中國影響的大小取決於中國應對措施的技術支

撐能力。解決技術性貿易壁壘的根本出路在於技術本身，即通過提升出口產品的技術含量。由於技術創新與開發的專業性強、技術含量高、研發成本巨大，一般企業不願進行投資開發與生產。因此政府應當借鑑國際經驗，重點扶持能越過技術性貿易壁壘的新產品的設計與開發。在行業公共技術服務平臺建設上，以實業經營為核心的企業提供增值的行業也不願意利用自己的資源去為社會提供公共物品，為行業創造福利，因為企業也是理性的經濟人。而行業公共服務技術平臺又具有整合行業和社會的分散資源，以資源共享為核心，突破資源分散性、封閉性和壟斷性的制約，形成資源信息的共知、共建和共享，發揮資源互補的優勢。行業公共服務技術平臺堅持資源整合、發揮優勢、利益共享、服務至上原則有利於不斷提升公共服務的社會水準和管理水準，突破技術瓶頸，實現整個行業在技術需求層面的飛躍，推進行業向縱深方向發展。同時，充分發揮科研單位、農業院校和技術機構的技術骨幹作用，加強對與食品出口相關人員的教育培訓，在資金、立法和政策上對企業加以扶持。為此，作為具有公共物品性質的行業公共技術平臺，應以政府投入為主，企業出資為輔，大力推動和支持行業公共技術平臺的建設。政府還應當積極完善公共技術服務平臺建設規劃，充分發揮已有的基礎優勢，強化全社會科技資源的整合集成，通過有效增量投入，激活存量資源，促進現有資源的優化提升，最大限度的發揮資源潛能對檢測、監控、化驗等方面等具有基礎性、公益性的科技資源進行集成、整合、優化和提高，按照整合、共享、完善、提高的要求。政府在對平臺運行機制的協調與監管中，堅持政府導向與企業發展的實際需求相結合、地域發展與平臺佈局相結合、統籌發展與兼顧效益相結合的原則。探索以共享為核心的管理體系和有效運行機制，凝聚一支專門從事科技公共服務和技術支撐的專業化人才隊伍，形成設備更加齊全、功能更加完善、服務更加全面、攻關研究更加前沿的具國內外領先水準的區域公共技術服務支撐體系。隨著公共技術服務平臺的逐步完善，公司將在行業共性技術平臺、技術應用服務平臺領域、科技創業公共服務平臺進一步拓展、開發和完善。

三、食品出口企業應對技術性貿易壁壘的主要對策

　　中國食品出口企業規模小，實力較弱，而且對於 WTO 下的貿易運行體系和操作規則相當陌生。從細節上和宏觀上全面熟悉和掌握相關規則和《技術性貿易壁壘協議》的要求十分必要。它們在國際貿易中，由於在這方面知識的缺陷導致了中國食品出口應對技術性貿易壁壘不同的研究頻次，具體如表 5-1 所示。

第五章 中國應對歐盟等發達國家和地區技術貿易壁壘的措施

表 5-1　　　　　　TBT 應對措施實施主體分佈情況（頻次）

	企業	行業協會	政府
在中國建立國際認可的實驗室測試設施	8	19	59
建立國外市場技術准入數據庫	7	35	50
建立技術性貿易措施預警機制	9	33	44
在企業生產標準化方面予以指導	12	40	24
改善企業自身的測試設施	66	3	6
在獲得 ISO9000 認證方面得到援助	22	18	31
在獲得 ISO14000 認證方面得到援助	20	18	30

資料來源：引自《食品出口技術性貿易壁壘問題研究》。

　　結合中國食品出口企業的實際運行狀況、中國的政策環境以及中國發展的現實水準，以政府、企業、行業協會為三大應對主體，對主要應對技術性貿易壁壘的對策進行分析。不難發現，行業協會、企業和政府在應對技術性貿易壁壘上都有其存在的主觀理由，事實上也可能是這樣，但是否真是如此，目前還無法給予充分的論證。但這三大主體中，企業認為，行業協會和政府應當承擔更多的責任和扮演更重要的角色，這一點對於政府（權力資源的掌控者和資源的分配者）而言，更是如此。因此，三大主體在博弈過程中可能出現的低水準均衡陷阱（技術性貿易壁壘措施這一產品提供的低效率）導致了應對技術性貿易壁壘的效果不理想。

　　因此，需要在技術標準方面得到援助，在取得 SASO 認證方面得到援助，在實施 OHSAS 職業安全衛生管理系統方面得到援助，在建立標準體系方面得到援助，改進企業質量管理，有針對性地對進口國新的技術要求進行培訓。在中國建立和完善國際認可的實驗室測試設施，建立便於企業查詢的國外市場技術准入要求數據庫，建立技術性貿易措施預警機制，使企業及時瞭解國外的技術要求，並在企業生產標準化方面予以指導，改善企業自身的測試設施。

● 四、政府應對技術性貿易壁壘的主要對策

（一）加強思想引導，強化食品標準化意識

　　目前，技術性強的製成品在國際貿易商品結構中所的比重將日益增大，即使是初級產品也不例外，綠色化傾向也越來越強。政府應當強化宣傳教育力度，增強國民的技術經濟意識。政府應強化政府、企業、農戶關於食品的標準化意識，把工業化生產的理念運用於食品生產，在採用現代農業科技成果和先進經驗的基礎上，通過制定食品生產、加工標準，規範食品生產、加工、經行銷售等各個環節的活動，

中歐食品貿易案例解析

提高產品質量，增強農業經濟效益。與此同時，政府和全社會要加大宣傳教育力度，倡導文明消費、健康消費及提倡符合人類需求發展方向的消費模式和生活方式。食品標準化生產以及人們標準化意識的提高，有利於充分利用農業資源，保護生態環境、保障消費安全、促進能突破 TBT 的新產品大量湧現。隨著中國加入世貿組織後，農業國際化的趨勢日益增強，食品面對國際市場的激烈競爭和嚴峻挑戰。加快推進食品標準化，確保食品質量安全，提高食品的市場競爭力，是中國食品成功開拓國際市場的必然選擇。

（二）積極推行相關認證工作，加強食品質量監測體系建設

政府應當逐步建立以省級機構為依託、市級機構為骨幹、縣級機構為基礎的食品檢測體系。並建立健全食品質量安全監測制度，對食品產前、產中、產後安全要素進行有效監控。市級質檢部門和涉農部門的檢測機構要根據各自的專業特點、分工負責，避免重複建設，完善食品的質量安全檢測手段，實現對動、植物疫病、農業生產環境污染物、食品中農藥殘留量、食品中有害微量元素檢測和食品品質及主要質量指標的常規檢測。政府應當加強引導企業盡快建立健全食品認證和產品註冊體系、食品質量檢測和監督體系、食品安全市場體系，從生產、流通、加工等各個環節對出口食品質量進行監控，提高食品的國際競爭力。

（三）建立食品質量可追溯體系

國外食品安全事件頻發，從歐洲的瘋牛病、美國菠菜到花生細菌污染事件，乃至美國寵物食品原料污染事件，對全球食品貿易形成負面影響。食品質量安全問題已成為世界各國面臨的共同挑戰。中國食品出口企業也應當對食品質量安全問題引起重視，建立食品質量可追溯體系，實現破壁的可視性、可追蹤性和可監控性，從生產源頭抓起，最大程度保證出口產品的質量安全。為更好地適應國際食品的質量安全要求，避免因食品質量安全問題事件的產生，確保出口食品順利進入進口方市場，商務部聯合有關部門指出，必須建立食品質量可追溯體系。

（四）加強食品生產基地建設，強化對農民的組織和引導

作為食品出口的主體，食品出口企業在這個過程中實際上是集生產、加工、銷售於一身的，即使有些企業自身並無從事實際的農業生產活動，但作為原產品的收購者（有合同收購和無合同收購）對食品的生產基地、生產方式、產品品質等具有濃厚的興趣，也有熟知、參與和指導、提供諮詢等必要。在應對技術性貿易壁壘上，農民本身並無積極參與和投入的激勵，或者說至少這種激勵的存在還不足以喚醒農民積極應對技術性貿易壁壘的行動。因此，企業在食品生產中的作為及選擇對食品的生產具有重要的意義。在上一章中，提到中國農村的生產、社會環境不利於企業

第五章　中國應對歐盟等發達國家和地區技術貿易壁壘的措施

的生產經營的幾個方面的表現，正因為這些因素也導致了食品品質的諸多問題，所以企業加強食品生產基地的建設，強化對農民的組織和引導至關重要。可以舉辦各類培訓班，提高基地農民對食品安全知識的瞭解水準。企業可以根據實際需要，對食品生產規範性、食品食用安全性、食品中農藥殘留問題避免或弱化等問題進行詳細介紹，定期組織從事一線食品生產的農民（或是員工）參加學習。爭取讓農民（或員工）對食品安全知識問題有個全面、客觀的認識。食品安全問題的產生，為企業本身、中國經濟乃至整個國民經濟都造成了巨大的損失。一些關於歧視性貿易問題和傾銷問題也往往因此而產生，所以要全面徹底地把握《技術性貿易壁壘協議》的深刻內涵和外延，才能最大限度地利用好技術性貿易壁壘中有利於自己的各個方面，也才能夠在與國際上強大的競爭對手抗衡時立於不敗之地。加強對與技術性貿易壁壘有關的各類文件、各種商法的學習是當前食品出口企業的重要任務。面對形形色色的技術性貿易壁壘措施，企業只有全身心地加強對各類文件、各種商法的學習，熟悉、掌握 WTO 的運行規則，才有利於企業在對外貿易中，充分利用《技術性貿易壁壘協定》有關條款，研究如何利用技術壁壘協議中的技術法規，以求最大化地運用其有利制度和條款，對明顯的歧視性措施，要堅決予以反擊。

（五）大力發展特色食品和有機食品，努力構築農業外向型經營模式

中國的蔬菜、水果等在出口中都有著天然的優勢。而有機食品正是基於無公害、無殘留毒物、純天然、無污染、安全營養的食品，大力發展這種生態產品將不會陷入技術性貿易壁壘的困境，而且也迎合了人們的綠色消費潮流，深受人們喜愛。憑藉中國特色資源和優勢資源，生產國外很少生產或根本無法生產的或是因成本太高導致無法生產的食品，這對於食品出口企業突破技術性壁壘將大有裨益。對於這種產品的生產能夠增強出口企業的核心競爭力。應推廣「公司＋基地＋農戶＋標準」的農業外向型經營模式，實行規模化生產，統一標準、統一管理，推進農業向專業化、集約化、標準化、信息化方向發展；需面向市場，從當前食品消費的綠色潮流出發，大力發展食品深加工，加大食品生產的技術革新力度。同時也應積極創建自有品牌，擴大國際知名度，將食品的比較優勢轉化成競爭優勢；應該盡快建立技術性壁壘和反傾銷的預警機制。對於食品加工企業來說，還要配備必要的食品質量安全快速檢測手段，加大對農藥殘留量、獸藥殘留量等有害物質的檢測。逐步形成企業自檢體系、社會仲介組織檢測體系和政府監管檢測體系在內的三類食品質量檢測體系網絡。諮詢、協調矛盾和利益、規範競爭秩序、維護會員合法權益、與政府部門溝通協商，向政府和企業獻計獻策。行業協會掌握著一般企業無法瞭解的各種動態，是一個行業的信息中心。成功的食品出口，對於食品的要求不僅是技術含量高、質量好、產品安全，還要求生產方式、生產環境等符合國際標準，靠農戶分散生產、分散管理是難以滿足這些要求的。由於出口商獲取海外信息的渠道有限，因此行業協會是他

們信息的重要來源。一般來說，行業協會可以通過發行內部刊物，並舉辦各種培訓班和國際性的研討交流會，方便出口商瞭解有關信息，更好地擴大出口。另外，行業協會在收集、整理、交流、跟蹤國外的技術性貿易壁壘的實施狀況和發展狀況，國際經濟技術信息資源的分配和市場供求狀況以及對各種技術壁壘指標的分析、定位和評價方面發揮著重大的作用。

(六) 行業協會應當與政府、企業一道建立起多層次的產業預警機制

在產業預警機制建設上，發達國家功能完善、作用明顯的行業組織發揮了重要作用。而中國行業組織就目前所發揮的作用還未能在產業預警機制建設與發達國家相抗衡，長期處於不利的競爭局面。這帶來的直接後果是相對發達的行業組織賦予了國外企業相對於中國企業的團隊競爭優勢。建立多層次產業預警機制，是WTO自由貿易目標及其規則的客觀要求。在這種情況下，建立多層次的產業預警機制勢在必行。參照國際經驗，發達國家的行業協會在這方面已經做得相當出色。對於中國出口貿易發展而言，行業協會也應當在這方面有所作為，與政府、企業一道建立起多層次的產業預警機制。行業協會應當在企業提高競爭力和政府改善職能的基礎上，充分發揮其專業性、服務性和紐帶性的作用與職能，面向國際市場，針對各行業的生存特性、發展階段、生產規模和國際市場上產品的供求關係、價格水準、技術標準、質量要求、創新能力、環保要求等一系列情況進行研究、追蹤和交涉，根據不同產業的發展層次和在加入WTO後所面臨的困難建立良好、規範、有效的應對措施，提高對食品質量安全重要性的認識。企業也應著力提高農業技術裝備水準，盡量實現流水化生產，避免因手工操作帶來的諸多問題，當然這還受到自然環境的限制，仍需要很長的一段時間來逐一解決。

同時，還可以幫助農民改善農業生產條件。農業生產條件的改善離不開資金的投入，企業應主動並有計劃地加大對基地農業基礎設施建設的投入力度。改善企業農業基礎設施建設，可以提高農業生產的外部抵抗力。

此外，由企業充當遊說者，積極爭取政府對農業支持也十分關鍵。在某種程度上，政府的支持有助於農業問題得到比較完美的解決，企業遊說政府支持農業主要體現在三個領域：資金結構調整、農業科技推廣、制度體制改革。同時要構築基地生產全程監控體系。許多企業由於受到資金、技術等條件的限制，在這方面的建設十分薄弱，甚或根本沒有投入。當然，也有很大一部分因為是企業的不重視和無所謂態度而造成的，但基地生產監控體系的建設對於企業從源頭規範產品的生產、控制產品的質量、跟蹤產品的環節變化具有重大的作用。很多食品質量安全問題無法得到及時、有效地避免和解決很大程度上是由於缺乏這種監控體系。對此，企業應該從企業發展的戰略眼光來思考問題，為企業的長遠發展加大在這一領域的資金預算和投入。孫敬水認為，為適應國際分工的要求，中國傳統優勢產業將得到進一

第五章 中國應對歐盟等發達國家和地區技術貿易壁壘的措施

步發展；處於幼稚期的產業（如資本密集型和技術密集型產業）將面臨巨大的壓力和挑戰，長期受保護的產業將由於技術落後、政策變動等原因面臨大規模的產業重組；對於一些市場需求層次高、產品附加值高，但成本相對較高的產業也很難在短期內在生產和出口上求得快速發展。按照這種產業發展趨勢的推理，目前大部分產業的發展層次無法避免國外技術性貿易壁壘的限制。

● 五、行業協會應對技術性貿易壁壘的主要對策

行業協會在食品出口應對 TBT 過程中將發揮越來越大的作用。行業協會的市場主體地位在符合國際慣例、市場規範的各種談判中的重要性已愈發明顯，行業協會已成為政府、企業、農民在共同就對 TBT 過程強有力的組織載體。行業協會作為企業的自律管理組織，擁有眾多的企業會員，熟悉行業特點，同時又與政府保持著密切聯繫，可以在應對技術性貿易壁壘的過程中承擔許多必需但難以由政府和企業直接承擔的事務，很好地發揮自身獨特的作用。

（一）充分發揮紐帶作用，向政府、企業提供 TBT 信息

由於行業協會是企業出於共同利益下組織建立起來的一種組織，代表的是本行業的利益，其能夠深入行業的內部，熟悉行業面臨的困難和遇到的難題，以及國際上主要競爭對手的情況、目標市場技術性貿易壁壘的設限情況，行業協會成為溝通連接政府和會員的橋樑和紐帶。相比於政府，行業協會在為企業提供 TBT 信息上更加及時、準確和客觀。與此同時，行業協會還應當關注國外產品的進口動態，及時向企業和政府提供國際市場的動態數據和分析報告，適時調整自身產品的出口規模與結構，以爭取達到遭遇技術性貿易壁壘最小化。一般而言，行業協會主要的職責是為會員提供服務、多層次產業預警機制和的貿易預警機制。

（二）行業協會自身的不斷完善

中國加入 WTO 後，中國食品出口頻頻遭遇國外技術性貿易壁壘。目前，中國具有比較優勢的食品出口由於目標市場壁壘設限、標準提高及自身存在的缺陷等原因，出口形勢嚴峻；在資本密集型產品、動植物油、脂及蠟大類中的各種產品中大多缺乏國際競爭力。在技術性貿易壁壘日益廣泛和深入的態勢下，中國食品質量的提升、出口標準的強化、出口結構的調整已迫在眉睫。

中國行業協會發展水準和層次比較低，當前的發展現狀無法真正發揮出國務院辦公廳印發的《關於加快推進行業協會商會改革和發展的若干意見》（簡稱《若干意見》）所指出的各種作用。行業協會自身的不斷完善，才能真正發揮其橋樑和紐

中歐食品貿易案例解析

帶作用，提高破壁的應對水準。《若干意見》指出，加快推進行業協會商會改革和發展有利於完善社會主義市場經濟體制、轉變政府職能、增進國際交流合作和應對日益增多的國際貿易摩擦和行業實現健康有序發展。行業協會主要從管理制度、隊伍建設和功能發揮加強自身的建設。在隊伍建設上，除對現有人員進行專業培訓、更新知識外，還應廣泛吸收社會上的專業人才充實協會隊伍，從思維模式、知識結構和行為能力等各方面予以提升，方能滿足協會發展的要求。在制度上，按照行業協會章程和企業會員訂立的各種協議，完善人事管理制度、財務管理制度和協會運行機制的建設。在功能完善上，進一步明確協會的功能，更多地體現為專業性、服務性。維護企業和社會利益是行業協會強烈的使命感和責任感。是否把營利性納入協會運轉的軌道，目前還有待於進一步商榷。為了實現行業協會各種職能的充分發揮，真正起到對經濟發展的促進作用，政府和企業還應在對行業協會的監督實行制度約束和管理控制。行業協會是企業遵循市場規律按自願原則組織起來的民間組織，其負責人往往由行業龍頭企業出任，他們對行業情況了如指掌，對維護行業利益有很強的責任感。目前，大多行業協會還把營利性納入協會運轉的軌道，從這個角度出發，政府和企業還應在協會運轉的資金來源進行管理和調節，為行業協會提供充足的資金來源保證協會的正常運轉。再次，行業協會為應對TBT案件建立了切實可行的資金籌集渠道。由誰出錢來打官司是一個十分敏感的利益問題，行業協會還應通過各種途徑（國外使館、貿易機構、媒體等）廣泛收集國外尤其是貿易對象國和地區的行業標準、產品質量標準、檢驗檢疫標準和環保要求，及時提供給相關企業，以便它們研究對策，盡快適應，提高應對TBT能力。

第六章 歐盟食品安全法規對中國的啟示

● 一、歐盟食品安全風險防控體系的啟示

20世紀90年代，隨著歐洲瘋牛病、禽流感等一系列食品安全危機的爆發，歐盟各國經濟與貿易遭受重創，同時也影響公眾對國家食品安全的信任，暴露了歐盟食品安全體制的弊端。這促使歐盟對內部食品安全管理體制進行全面改革，最終通過立法確立了食品風險防控的原則，逐步建立起完備的食品風險防控體系。本文通過深入挖掘、剖析歐盟食品安全風險防控體系的管理模式，力圖為中國食品安全風險防控體系建立提供建設性的意見。

（一）歐盟食品安全風險防控體系的基本原則

20世紀80年代末，風險防控開始運用於食品安全領域，它是目前世界上公認的有效的食品安全管理機制。聯合國糧農組織（FAO, Food and Agriculture Organization）和世界衛生組織（WHO, World Health Organization）聯合專家諮詢委員會於1995年將風險防控體系定義為包含風險評估（Risk Assessment）、風險管理（Risk Management）和風險交流（Risk Communication）三個有機組成部分的一種過程。食品安全風險防控體系一般遵循以下幾個基本原則。

1. 風險評估與風險管理相分離原則

風險評估是風險防控體系的基礎。它是對食源性危害，包括農藥、食品添加劑、化合物、微生物、環境污染等因素的科學評估，以判定其對人體健康產生已知的或

潛在的不良影響。具體包括危害識別、危害描述、暴露評估、風險特徵描述四個環節。風險評估主要是分析食源性危害、提供待選解決方案以及為風險管理提供科學支持。風險管理是在接受風險評估結果的基礎上，盡量降低或減少政策權衡過程，選擇並實施適當措施。這一環節包括四個步驟：風險評價、風險管理選項評估、風險管理決策及實施、監測和審查。其目標是通過選擇和實施適當措施，盡可能有效地控制和減少食源性危害。由上所述，風險評估是一種科學行為，而風險管理是一種行政行為，這兩種職能一旦混淆，極易出現食品安全管理中的管制俘獲現象。因此，風險評估與風險管理相分離是避免管制俘獲，實現食品安全風險防控體系高效、科學運作的重要原則之一。

2. 公開與透明原則

風險交流是公開透明原則的制度體現，同時也是風險防控體系運作民主化的最好闡釋。風險交流的對象包括風險評估者、風險管理者、國際組織、政府機構、企業、學術團體、消費者、媒體等相關利益群體。由於風險管理者對風險認知與大眾對風險感知之間存在「天然的裂痕」，因此需要通過報刊、網站、新聞發言等一系列渠道展開有效的風險交流，將風險的特徵、影響、危害程度、評估的不確定性以及管理方案等信息公開，並與公眾就此展開互動，借此維繫公眾對於風險管理者的信任，防止風險的社會放大。公開、透明的風險交流是減少食源性危害，防範食品安全風險的必要條件。

3. 專業性與科學性原則

專業性與科學性原則貫穿於風險防控體系的始終。所謂專業性原則，即風險防控的過程，一律由具有專業領域知識和操作技能的部門和人員主導。專業化的操作流程，既有利於提高工作效率，避免監管機構冗雜與職責推諉，又有利於保證風險防控的專業水準與政策制定的公信力。而科學性原則集客觀規律性、系統性和實踐指導性於一體，包括運用科學規律和理論指導食品監管活動的實踐以及採用先進的科學技術手段提供強有力的技術支持等。這一原則的目的在於及時發現風險，制定措施，展開交流，提高食品安全管理的時效性和力度。

(二) 歐盟食品安全風險防控體系的運作機制

歐盟食品安全風險防控體系由兩部分組成：一是負責風險評估和風險交流的歐盟食品安全局（EFSA，European Food Safety Authority）；二是負責風險管理職能的歐盟委員會（EC，European Commission）。這一體系的設計與運作，較好地體現了食品安全風險防控的基本原則。

1. 獨立的風險評估機構——歐盟食品安全局

歐盟食品安全局是一個獨立的法律實體，負責監視整個食品鏈，工作上完全獨立於歐盟委員會，其經費來源於歐盟財政預算。歐盟食品安全局主要承擔以下職能：

第六章　歐盟食品安全法規對中國的啟示

提供應對食品安全問題的科學指導和建議，分析潛在食品安全風險信息；監測特定風險因素和疾病；開發、推廣和應用食品與飼料新的風險評估方法；對緊急風險進行識別和早期預警；建立與公眾之間的對話交流，在其職權範圍內向公眾提供有關信息等。

歐盟食品安全局主要由四個部分組成，分別是管理委員會、執行董事、諮詢論壇和科學委員會。

管理委員會包含14個成員和1個歐盟委員會代表，工作人員任期為四年。這14個成員是由歐盟委員會起草人員名單，經歐盟理事會與歐盟議會進行磋商後任命的，他們的工作是制定財政預算和工作計劃。

執行董事聽命於管理委員會，負責食品安全局日常的管理工作，如與食品有關的健康風險問題、動物保健和福利、植物保護以及風險溝通等，同時也負責任命本局的技術類、科學類、管理類和通訊類等工作人員。

諮詢論壇負責對安全局的工作和各成員國所公布的食品安全問題提供科學反饋和信息支持，對潛在食品風險的信息和知識進行交流。

科學委員會是由8個科學小組的組長和6個高水準的獨立（即非8個科學小組的成員）科學家構成，主要負責監督和協調科學小組在風險評估中的工作，確保小組意見一致。這8個科學小組由21位專家組成，他們是在諮詢論壇提議的基礎上由管理委員會任命的。科學小組各司其職，分工明晰，極大地提高了風險評估的效率。

歐盟食品安全局一直堅持工作的高度公開和透明性，制定一系列程序，以規範自身行為。同時，該機構的諮詢論壇也經常開展學術會議和研討會來加強成員國等利益相關者之間的聯繫和交流。

2. 行之有效的風險管理機構——歐盟委員會

歐盟委員會是一個獨立於成員國的超國家機構，它負責貫徹執行歐盟理事會和歐洲議會的決策。在食品安全方面，它負責歐盟食品安全監管的相關法律文件（指令、條例、決定）以及食品技術標準的制定和具體貫徹執行。此外，歐盟委員會可以對食品安全立法、政策和具體項目的實施提出意見和建議。

歐盟委員會專門設有健康與消費者保護總署（Directorate General for Health and Consumers），具體負責化學藥品、殺蟲劑、農藥殘留等相關食品安全問題，以及公共衛生、消費者事務等工作。健康與消費者保護總署之下設有7個部門。歐盟委員會根據歐盟食品安全局的風險評估結果以及科學建議進行決策，最終實現行之有效的食品安全管理。

健康與消費者保護總署下設的食品和獸藥辦公室是一個重要的監督機構，負責監督成員國和第三方國家有效落實歐盟有關食品安全的法律法規。它運用審核、控制與調查的手段獨立行使自己的監控職能，並始終保持高度透明。在監督過程中，如果發現成員國沒有遵守歐盟的食品安全法律，該機構會將情況反應給歐盟委員會，歐盟委員會有權向歐洲法院提起訴訟。

3. 歐盟食品安全風險防控系統

（1）建立了食品、飼料快速預警系統（RASFF）。

歐盟建立了食品、飼料快速預警系統（RASFF）。該預警系統主要是針對成員國內由於不符合相關法律法規要求而引起的食品安全風險，一旦工作網中的成員國發現與食品和飼料有關的健康風險問題，就會及時通過該系統通知歐盟委員，歐盟委員在經過相關機構的核查和評估後會在第一時間將這一信息通報給其他成員國。這一龐大的網絡，使信息可以迅速上傳下達，實現食品安全風險信息的充分交流，進而有效地減少食品安全問題所造成的損失。

（2）建立了可追溯制度。

為了實現「從農田到餐桌」的全程食品監管，歐盟於 2002 年 1 月頒布了 178/2002 號法令，要求其成員國對家畜和肉製品開發實施強制性的可追溯制度。歐盟採用了全球統一標示系統（EAN·UCC 系統），它能避免由於眾多系統互不兼容所帶來的時間和資源的浪費，從而降低運行成本，實現信息流和實物流快速、準確地無縫連結。依託這一系統，歐盟建立了一個完備的統一數據庫，記載了每個產品在整個生產鏈條中從源頭生產到終端銷售的詳細信息。

（3）建立了危害分析和關鍵節點控制系統（HACCP）。

危害分析和關鍵節點控制系統（HACCP）是一種有效而全面的預防體系，它被認為是目前控制食源性疾病的最有效方法。該技術對原料、關鍵生產工序及影響產品安全的人為因素等危害風險進行科學的鑒定、評估，確定加工過程中的關鍵環節，從而建立、改進關於食品的監控程序與標準，進而採取和制定一系列解決措施。歐盟引入該技術能夠有效預防食品安全危機的發生，節約治理成本，更為經濟的保障食品安全。

（三）歐盟食品安全風險防控體系對中國的啟示

近年來，中國食品安全危機頻發，不僅給居民食品消費信心帶來沉重打擊，而且動搖了政府機構在食品安全治理中的權威和公信力。我們認為，可以參考歐盟食品安全分析體系，在如下方面改革中國的食品安全監管體制。

1. 設立獨立的食品安全風險管理機構

中國食品監管部門眾多，難以形成合力，監督缺位與過度監管並存。這種由多部門分段管理的「串聯」模式，很難界定職權範圍，管理部門之間難以協調一致。根據歐盟食品安全風險防控體系的機構設置經驗，在中國建立一個獨立的食品安全風險管理機構是十分有必要的。同時，獨立的管理機構能更迅速地進行風險決策，及時公開食品安全信息，更好地防範和化解食品安全危機。

2. 建立以實驗室為依託的風險評估體系

有效的食品安全風險管理離不開高水準、專業化的科學檢測和研究體系。目前，

第六章　歐盟食品安全法規對中國的啟示

中國有關食品安全的檢測儀器設備相對陳舊落後，檢測人員總體水準不高，缺乏類似於歐盟食品安全局的具有高度權威性和先進標準性的食品安全檢測機構，技術能力成為中國食品安全管理中最為薄弱的一個環節。因此，中國亟待建立以實驗室為依託的風險評估體系，整合原有的分散科研機構，通過積極引進新技術、新方法、新標準、新思路、新型人才等，大力提高食品檢測和研究的水準，及時提供有關食品安全風險評估的研究結果與科學建議，從而為中國的食品安全管理提供權威性的科學支撐。

3. 暢通風險交流渠道，提高開放度與透明度

在風險防控體系中，風險交流必不可少，其意義十分深遠。中國的風險信息交流，往往缺乏時效性，公眾對食品安全現狀的瞭解比較滯後，這在一定程度上誘發了公眾對食品安全的信任危機。因此，中國政府需要增強食品安全信息發布的及時性、準確性和能動性，著手建立一整套食品安全信息公開發布的機制，大力暢通風險交流渠道，通過媒體、網絡等方式定期發布食品安全有關信息，使公眾可以及時獲取客觀資訊，同時可以隨時反應食品市場上存在的潛在食品安全問題，建立起一個雙向互動的溝通網絡。除此之外，食品監管部門也應當定時公開其內部的規章、制度和工作流程等信息，以提高自身的開放度與透明度，確保公眾的知情權和監督權，更好地發揮監管職能，保障人民的權益，減少食源性危害的發生，促進中國食品市場的健康發展。

二、歐盟食品安全法律制度的啟示

（一）中國食品安全法律體系中存在的問題

1. 系統性較差

雖然中國已經頒布了《食品安全法》及其實施條例，同時還存在數量眾多的監管法規，但這些條款比較分散，不集中，沒有覆蓋整個食品鏈，沒能實現全程監控；而且中國的食品安全標準嚴重滯後，不規範，食品安全體系缺位，責任主體也不明確。

2. 中國的食品安全監管機構相對混亂

從目前的狀況看，中國缺乏獨立且具有權威性的負責監管的機構。各部門的監管不僅相互交叉而且還存在一定程度的空白。當危機出現時，各部門只顧考慮自己的利益，不能及時有效地處理和解決食品安全問題。

（二）歐盟食品安全法律制度對中國的啟示

通過前面的介紹和分析，我們認為歐盟一系列成功的發展經驗無疑是值得我們

中歐食品貿易案例解析

借鑑和學習的。

1. 監管體系的建立和完善

歐盟的食品安全管理體系是最早引入「從農場到餐桌」概念的體系。歐盟的食品安全管理中，十分注重強調執行關鍵節點控制系統（HACCP）和生產質量管理系統（GMP）的管理程序，尤其是對生產源頭的安全質量控制。食品生產者、加工者都嚴格遵照有關環境質量標準，生產操作規範和投入品控制的有關標準，自覺地對各個環節實施嚴格管理，注重從環境、生產、加工、包裝、運輸等各個環節的控制，並對各個環節都設置了相應的標準。歐盟還建立了對出口商的生產條件、生產設施、原材料進行實地考察的制度，保證各個環節的安全。中國近年來雖然也提出了「從田頭到餐桌」食品安全管理的概念，但由於食物鏈的各環節分屬於不同的管理部門，造成了管理上的脫節和不協調。如植物源性產品的農藥殘留問題，動物源性產品的激素問題，必須從生產基地、生產資料供應、制訂標準、技術輔導、檢驗檢測，以及農藥、獸藥生產企業等各個環節抓起。生產者使用違禁藥品，不是抓某一個環節就能生效的，實踐證明僅抓了這一環節並不能解決食品安全的根本問題，特別是對鮮活的農副產品。

近兩年來中國已經在種子農業中實施「良好農業規範」（GAP），在食品加工業中開始推行「危害關鍵控制點分析」（HACCP），在養殖業中開始引進「良好獸醫規範」（GVP），但對於各個環節及生產過程中的關鍵技術和數據尚不清晰、尚不充分。特別是在這些規範中，沒有列入「食物鏈」的概念，沒有產品總傳遞的概念。這是與歐盟推行的 GMP 等規範的最大差別。而只有從機構、法規、標準、技術上加強對整個食物鏈環節的管理，食品安全問題才能得到有效的解決。十屆全國人大常委會第二十一次會議 29 日表決通過了《中華人民共和國農產品質量安全法》，並於 2006 年 11 月 1 日起實施。這部法律的實施，對於保障食品安全，促進中國農產品質量安全的提高具有重大意義。

歐盟成功實施「從農場到餐桌」全程監管的經驗告訴我們，要將對全過程的食品監管作為管理的主線，在此基礎上對中國食品安全的相關法律法規進行調整，不斷完善以《食品安全法》為核心的彼此配套的法律法規，覆蓋到食品安全的全程。

2. 快速預警

歐盟通過各成員國當局和歐盟理事會、歐盟委員會、歐盟食品安全管理局，組成了一個較為完整的食品安全管理網絡，無論在各成員國哪一條食品鏈上的某一環節出現了問題，都能快速有效得到追溯，發出預警和採取相應的應急措施，將問題及時控制，阻止它的擴散。比利時二噁英事件、英國瘋牛病事件的控制和處理過程就是很突出的例子。歐盟食品安全管理工作的一個最大的特點是注意防範工作。2000 年歐盟理事會發布了「食品安全白皮書」後，就提出了 80 多種獨立的行動計劃來應對未來可能發生食品安全的隱患。

中國在食品安全的風險評估、風險分析、風險管理工作做得較少，食品安全的

第六章　歐盟食品安全法規對中國的啟示

預警體系尚未完善。而食品中使用抗生素、色素、生長素、激素的問題，環境污染問題，都需要做風險評估和預警。只有加強食品安全檢測網站建設，建立食品安全事故報告預警、信息系統、提高全面風險分析和預警能力，才能盡早發現高危因素、高危人群，制定預防對策，形成快速反應機制。

在分析、研究歐盟食品安全管理體系中，當研究某一具體事例時，不排除其中有貿易保護的問題。對那些不合理、帶歧視性的貿易保護措施，我們應遵守世界貿易組織有關規則，積極爭取自身的利益。但從總體的管理框架、管理法規、管理機制、管理手段、管理制度、管理方式上來看，「歐盟方式」是一種食品安全管理十分有效的方式。歐盟有許多值得我們借鑑之處，尤其是他們的「統一、透明」「從農場到餐桌」和「生產者要對食品安全負責」等理念，更值得我們在食品安全管理工作中借鑑引用。

從歐盟的快速預警制度中我們不難看出，部門間快速有效地溝通是預警機制建立的首要條件。對各級監管部門獲得的信息進行科學的分析和研究之後再由一個權威部門對外統一發布的做法值得借鑑。這可以避免各部門發布信息相互矛盾的情況。責任主體明確也是預警機制能夠很好實施的前提。從中國現行制度來看，行政主體的責任尚不明確。因此，我們應當將快速預警機制納入法律的範疇，監管部門和檢驗人員能夠在法律的威懾力下認真、嚴謹的履行職責，對食品安全危機如實的進行預警通報。

3. 建立權威監管機構

歐盟食品安全的管理體系以及所制訂的一系列法規、指令，確立了食品生產商、銷售商對食品安全需負主要責任的原則。這一原則加大了經營者的安全責任感，使生產經營者獲得依靠自我核查機制及對污染物的現代控制技術來確保食品的安全衛生，自覺採納 HACCP、GMP 等國際通用標準。在歐盟食品安全管理體系中，生產者、經營者不僅僅是被管理者，更是主要的參與者。歐盟對農場主提出了「良好生產指南」（Guides to Good Practice），規定了生產的原則和措施，以及如何處理可能出現的安全危害，從而保證農產品能在適當的安全條件下生產出來。農場主一般都會把「指南」的原則和措施，訂入自己的生產規程中去，一旦發現或懷疑可能影響人類健康的問題時，農場主都會主動向主管當局報告。歐盟成員國處理瘋牛病事件的過程，就是遵照這樣的原則進行的，很少出現「瞞報、漏報」現象。歐盟公布的農用化合物禁用名單中，有不少也是生產企業自己提出的。

在中國的食品安全管理體系中，生產者、經銷者是被管理者，處於被動應付的狀態。在生產、加工過程中，該如何操作、該禁用什麼藥品主要依靠上級的文件。一個食品生產企業或經銷企業可能要同時應付幾個部門的檢查。生產過程也大多有標不依，一旦出現隱患，也是能瞞則瞞，很少見到相關企業有「召回」的做法。歐盟的食品生產企業或經銷企業都積極參與標準的制訂，並向政府建議法律和法令的修改，企業是標準制訂的主體。中國的有關食品安全的法規和標準，大部分都由行

政而不是以生產企業為主體的。標準的操作性較差,生產者執行標準的積極性和自覺性也較低。

從中國的監管現狀來看,「多部門交錯監管模式」的缺陷已經凸顯出來。因此應當盡快建立一個權威的國家食品安全監管機構,從根本上改變政府職能缺失的狀態。該機構要有足夠的能力制定中國食品安全的總體規劃,指導各部門制定相關的食品安全政策,統領各部門並有效協調和處理各部門之間以及地方政府之間的食品安全工作。通過權威的立法,將各種有關食品安全監管方面的資源進行合理的整合,以實現對食品安全的有效控制。

4. 全程追蹤食品信息

歐盟在食品質量管理方面建立了嚴格的可追溯制度。歐盟相關的指令要求食品標籤必須表明原產地和原材料的來源,在生產和加工過程中要建立檔案並保存全部記錄。如在養殖業上,歐盟各成員國都要求建立組織嚴密的家禽繁育體系,父母親本必須通過選擇和測定,進行登記在冊。對屠宰也全程監控,宰殺前要「驗明正身」,確保是健康牲畜,宰殺和加工過程控制符合關鍵節點控制系統(HACCP)的原則。銷售商必須具有法定的許可證,環境和生產方式符合衛生標準,每批成品都通過檢驗。例如,為了防止瘋牛病,對加工過程中的牛骨必須保存交貨記錄。所以當某一牛肉製品出現問題時,馬上可以追溯原料來自哪一國家、哪一農場,甚至哪一頭牛。歐盟對水產品的管理也是如此,要求對水產品從生產中使用的原料開始,到加工過程,到零售商店等各環節都有記錄存檔,一旦出現問題,可根據記錄中的信息追溯到問題的源頭,能快速及時採取防範措施。歐盟為了加強對轉基因食品安全性的管理,要求在銷售轉基因食品時必須在標籤上予以標明,不僅尊重了消費者的知情權,同時便於食品安全監管部門能夠追蹤轉基因食品對健康的影響。

中國的食品生產不重視食品質量的可溯性,甲地生產的食品,原料可能是來自乙地,在標籤上很少表明原料產自何地。在生產、加工、運輸、銷售過程中,很少建立詳細檔案,一旦出現問題,要查清來源相當困難。食品生產的規模小、產業化程度低,抑制了正常生產檔案的建立,質量安全的有關信息無法傳遞。在這方面,相關的法規、監管、標籤存在缺陷,生產者和消費者的防衛意識和追歉意識有待提高。

中國現階段可行的就是在食品生產過程中對食品信息實行追蹤。歐盟的實踐經驗表明,可追溯制度是控制安全可靠的食品生產的最佳以及首選模式,在食品工業的安全模式中起著舉足輕重的作用。中國雖然在很早以前就開始進行了可追溯制度的宣傳和培訓工作,但都僅僅局限於部分出口食品,並沒有普及到整個食品行業。面對世界各國實施可追溯體系的強勢蔓延,在中國推行和實施可追溯體系已經迫在眉睫。

5. 標準制訂的科學性

歐盟發布的眾多食品安全質量標準,除了部分引用了國際食品法典委員會

第六章　歐盟食品安全法規對中國的啟示

（CAC）等國際標準、保留了以往各成員國制訂並通過實踐證明合理的標準外，還陸續出抬許多新的標準，或者修正補充了一些標準。在這制訂和修正過程中，歐盟設立了一個專家委員會和若干個專業委員會，對標準進行科學的安全性評估。如為了評估食品在加工過程中所產生的丙烯酰胺的安全性，歐盟有關國家與國際癌症研究中心（IARC）合作，共同對食物消費量和膳食暴露情況進行分析研究，而且把研究範圍擴大到北美和澳大利亞。根據91/414/EEC指令的計劃，歐盟對上千種農藥開展危險性評估，目前評估的數量已經過半。這是一項工作量浩大的工程，要對這些化學成分進行對人畜安全性毒理學（包括急性毒性、亞慢性毒性、慢性和致癌、致畸、致突變的試驗）、對環境安全性毒理學（包括對水體、土壤、空氣、其他生物等生態環境的安全性）、對生產過程中產生的有毒物質的安全性及對植物、害蟲、病原微生物的作用等進行一系列的研究，最後由生產企業和專家委員會提出評估結果，來決定該化合物能否在生產上繼續使用。

　　從歐盟的經驗可以看出，任何一個技術標準的制訂應該是一個調查、分析、研究、實踐的過程，這樣得出的數據比較科學，有利於保護消費者，也有利於操作執行。中國目前已制定了近1,000個食品標準，涉及穀物、水果、糧類、肉類、豆製品、奶製品等。這些標準都是在中國經濟發展各個階段制訂和發布的，但整體的結構、層次不合理，強制性和推薦性的界限劃分不清。部分標準存在標齡過長、指標滯後、覆蓋面太小、重複以及矛盾等問題。並且由於部門職能分別，甚至出現從不同角度考慮的兩套標準。有些標準的制訂缺乏必要的科學論證，甚至抄襲了一些不準確的信息。如中國「嬰幼兒斷奶期補充食品」標準中蛋白質含量要比歐盟低10個百分點；對蜂產品中有害污染物的限量標準，歐盟對雙甲脒（200mg/kg）、氯霉素（0.1μg/kg）、鏈霉素（0.02 mg/kg）都有規定，而中國的現行標準沒有得到體現。這些標準已經不能適應中國當前經濟發展的需要。據統計，在食品質量標準方面，中國現有標準與國際標準等同、等效或採用國際標準的比例占20%左右，其中如現行140項食品加工產品的國家標準中，與國際標準等同或等效的僅有24項，占17%；現行475項食品檢驗方法的國家標準中，與國際標準接軌的為63項，占13.3%；現行133項食品添加劑國家標準中，與國際標準等同的為29項，占21.8%。中國的標準水準與國際先進水準相差較大，迫切需要組織力量開展研究和技術攻關，特別是中國特有的、而國外尚未制訂的產品標準，要趕緊制訂，填補空白。在全面清理現有食品標準的基礎上，加快全國統一的食品標準體系的建立，提高對國際和國外先進標準運用的標準框架。

　　6. 加強對食品生產加工過程中投入品的管理

　　歐盟食品管理體系不僅重視產品質量安全，而且對投入品的控制也是相當嚴格的，這是「抓源頭」的基礎。歐盟的食品安全事故大多來自生物污染，而生產加工過程中化學藥物的污染較少見，主要原因是歐盟對投入品使用限制和技術都有嚴格的規定。在歐盟發布的食品安全相關的技術法規和標準中，有關飼料、獸藥、農藥、

中歐食品貿易案例解析

肥料、激素、添加劑等的內容是最為豐富和詳盡的。1991年以來對上千種農藥有效成分的重新評估，就是一個突出的例子。歐盟對投入品的嚴格管理，體現了「與環境和諧」「可持續發展」和「以人為本」的理念。這在對待抗生素的問題上，在對兒童食品的重視上，得到了體現。歐盟對有些食品安全標準單獨制定了兒童標準，例如食品中黃曲霉素的允許標準，成人為 4μg/kg（包括 B1+B2+G1+G2），而兒童為「0」。

中國近幾年也加強了對農用投入品的管理，出台了一系列的法律法規，對農藥、獸藥、飼料添加劑、食品添加劑等的使用都制訂了一些標準，頒布一些相應的文件和法律條例。其中農藥的登記管理制度已逐步完善，基本上接近歐盟的管理制度。對養殖業中禁止使用的藥物名單基本上也與歐盟接軌。但對農用投入品的市場管理仍較混亂，假劣產品充斥市場，市場監管體制不順，給食品安全造成嚴重隱患。各地每年都有高毒農藥污染蔬菜中毒事故發生，農藥殘留超標率仍然較高。在農藥方面，中國雖然已制定了183種農藥有效成分和20種作物的近400項標準，但與歐盟比較，它的數量、水準、合理性尚有一定差距。目前中國投入品的管理尚缺乏嚴格的長效監管制度，主要靠每年兩次「打假」行動，現有法律的約束力不夠，執法主體不明確，在技術標準上仍存在不少漏洞。

7. 有效的監督檢驗、協調機制

歐盟憑藉其經濟實力和先進的科學技術，對食品安全的監督檢驗既先進又有效，在儀器分析上普遍採用質譜儀和多殘留檢測技術。歐盟食品檢驗的各實驗室之間相互統一方法，協調配合，數據共享。他們的監督檢驗不僅僅限於市場抽檢，更是對整個「從農場到餐桌」鏈上各環節的有效檢驗監控，各食品生產和加工企業都擁有配套的檢驗設備和人員，能較自覺的按規程開展檢驗，國家實驗室和各地行政管理部門的實驗室和企業的實驗室是相配套的。歐盟重視檢測技術的研究，如它對氯霉素的 LC-MS 檢測技術，都可以達到 0.1μg/kg 的最低檢測限量。歐盟的許多實驗室對食品中抗生素、「瘦肉精」、氯丙醇等獸藥的分析技術都達到 10^{-9} 水準，對二噁英類物質的分析水準達到 10^{-12} 的超痕量水準。目前歐盟已經制定了28種食品及其接觸物的分析方法標準，在向食品檢測方法標準化方面走出了堅實的一步。

而中國，目前除了少數大型的龍頭企業配有一定的檢測手段外，農產品的生產絕大多數是「千家萬戶」分散勞作，食品加工企業的規模也很小，全國有600萬家食品加工企業，大多數是10人以下的手工作坊，根本無法開展質量安全檢驗。中國的食品安全質量檢測，主要依靠政府行政部門和科研院校的實驗室，主要的職能是進行市場監測。而大多數集中在省、市，各縣區建立的檢測機構，人員和技術水準都很難勝任食品質量安全的監管任務，很難有效地對食品「從田間到餐桌」全過程進行監測。為了有效地監控食品安全，需要提高中國食品安全的檢測水準和檢測能力；要研究和引進先進的檢測方法和設備；要制訂全國統一的抽樣和檢測標準，特別要加強對食品生產源頭的檢測；要積極推進隸屬於各行政系統的檢測資源的整

第六章 歐盟食品安全法規對中國的啟示

合，減少當前檢測機構的重複設置、檢測資源浪費現象，促進合理佈局、專業分工、建立全國統一的食品委員會網絡體系。加強對外交流，建立國際互認的國家實驗室，適應國際形勢的需要。

8. 建立動態與發展的管理體系

歐盟食品安全管理體系是一個動態、發展的體系，從歐共體發布「食物鏈」起，歐盟的食品管理體制和相應的管理措施就不斷發展、創新，以適應歐盟內部與外部形勢的變化。通過研究歐盟各類標準的制訂過程，我們可以從中掌握研究、跟蹤、引用歐盟標準的方法。歐盟往往是發布一個法令後，再對這個法令不斷進行修改和補充。隨著風險評估工作的深入開展，舊的指令不斷修訂，新的標準不斷出抬。如以在各種作物生產過程中的使用的農藥為例，自1976年發布第一個農殘標準以來，一直在不斷修改更新，至今已經發布了幾十個法令。所以往往是一個指令接著一個指令，一個指令套著一個指令。隨著歐盟的擴大，尤其是連續發生瘋牛病、二噁英、口蹄疫等重大食品安全事件後，歐盟的食品安全政策有所變化，其管理手段和管理方法也不斷改進。2000年以來，歐盟改革了農業政策，增加了一系列反傾銷和技術壁壘的政策，將食品安全管理與保障消費者健康和保護歐盟市場聯繫起來，同時引進「從農場到餐桌」食物鏈的概念。但歐盟食品安全管理的發展動態，總體是向「統一、完善、透明」的方向發展。歐盟在食品管理上始終在進行銳意改革，這些改革主要在「白皮書」「綠皮書」等框架法律指導下，不斷提出新的發展戰略和思路，直到食品安全中的立法工作不斷修正完善現有的食品技術法規，從而提高了食品安全的水準。

中國食品安全管理上無論是政策法規，還是標準的制訂上，都相對滯後，不能主動應變，對歐盟國家等的動態反應遲鈍。歐盟早在1990年就禁用了氯黴素等一批藥物，在1999年就停止使用氰戊菊酯，我們在2002年才做出反應。歐盟禁用320種農藥的指令公布後，中國將近一年後才對相關情況加以關注，發布了「預警通告」。中國往往在遭到禁令或被銷毀後，才發現問題的嚴重性，然後趕緊修改標準。對待一些污染物超標的問題，也只是採取「查什麼、禁什麼」的策略，處於被動狀態。

三、歐盟食品安全監管體系的啟示

從歐盟的經驗可以看出，統一協調各成員國的組織管理體系、以預防為主的監管機制、覆蓋全產業鏈的監管制度以及不斷調整完善的機制設計是歐盟食品安全的堅實保障。我們應該在瞭解自身問題的基礎上，借鑑這些好的經驗。

中歐食品貿易案例解析

(一) 歐盟食品安全監管制度的特徵

1. 統一協調各成員國的組織管理體系

作為一個多國同盟，歐盟在食品的監管上延續了政治、經濟事務處理的組織管理經驗，由歐盟委員會統一管理，協調各成員國，讓各成員國根據歐盟委員會出抬的一般法制定自身的監管法律法規，並在歐盟委員會的組織協調下開展食品安全監管工作。

法律法規體系方面。以歐盟委員會1997年頒布的《食品立法總原則的綠皮書》為基本框架，歐盟出抬了20多部食品安全方面的法律法規，比如《通用食品法》《食品衛生法》等。2000年，歐盟發表《食品安全白皮書》，將食品安全作為歐盟食品法律法規的主要目標，形成了一個新的食品安全法律框架。各成員國在此框架下，對各自的法律法規進行了修訂。為避免各成員國之間的法律法規不協調，歐盟理事會和歐洲議會於2002年發布178/2002號指令，成立歐洲食品安全管理局（EFSA），頒布了處理與食品安全有關事務的一般程序，以及歐盟食品安全總的指導原則、方針和目標。

組織管理機構設置方面。歐盟食品安全監管機構設置包括歐盟和成員國兩個層級。歐盟層級的食品安全監管機構主要有三個：歐盟理事會，負責制定食品安全基本政策；歐盟委員會及其常務委員會，負責向歐盟理事會與歐洲議會提供各種立法建議和議案；歐盟食品安全管理局（FSA），負責監測整個食物鏈的安全。歐盟各成員國則結合本國實際建立了相應的食品安全監管體制，負責實施歐盟關於食品安全的統一規定。

2. 以預防為主的監管機制

歐盟在食品安全監管中堅持了預防為主的理念，強調通過風險評估與快速預警，確保對食品問題的事先控制而非事後追查。

風險評估機制。歐盟對食品安全採取以風險評估為基礎，包括風險管理和風險交流的風險防控機制，並且在風險評估中努力保持客觀性。歐盟食品安全局負責為歐盟委員會、歐洲議會及各成員國提供風險評估結果，並為公眾提供風險信息。歐盟食品安全局具有食品與飼料風險評估與風險溝通的獨立調查權。歐盟成員國紛紛將風險管理與風險評估安排在不同的機構進行，從而保證以科學為基礎的風險評估不受行政干擾。

快速預警機制。歐盟建立了食品與飼料快速預警系統（RASFF）。RASFF系統由歐盟委員會、歐盟食品管理局和各成員國組成。歐盟內部設定食品與飼料安全問題評估與溝通系統，並由各國食品安全局來管理和評定。確認風險確實存在以後，食品將被下架和召回，並且RASFF成員國需要通知委員會來保護消費者的權益。成

第六章　歐盟食品安全法規對中國的啟示

員國也可以建議委員會就某種危害啓動預警系統。任何成員國一旦獲悉有威脅人類健康的食品危險存在，RASFF委員會將立即得到消息，並將信息通報給其他成員。

3. 覆蓋全程的監管體系

歐盟在《食品安全白皮書》中引入了「從農場到餐桌」的理念，強調對食品安全的全程監管。

法律法規制定方面。按照《食品安全白皮書》提出的「從農場到餐桌」的理念和要求，歐盟對食品安全相關法律法規進行了大規模的修改，包括：食品安全原則、食品安全政策體系、食品安全管理機構和管理體制、食品安全風險評估、對所有飼料和食品緊急情況協調的快速預警機制，最終建立起一套涵蓋整個產業鏈的食品安全法律法規體系。

可追溯制度方面。歐盟第178/2002號指令規定：「在食品、飼料、生產食品的動物或其他有意或已經包含在食物或動物飼料任何物質的加工、生產和流通的各階段均應建立起追溯制度。」可追溯制度要求食品生產者和銷售者分別對食品原料和食品流向進行完整記錄，以確保一旦食品安全出現問題，可以及時找到原因和出現問題的環節，從市場上召回問題食品。

4. 動態調整的監管制度與政策

為適應內部和外部形勢的變化，歐盟的食品安全監管制度與政策一直是動態調整的。歐盟不停地及時修訂與食品安全相關的指令、法規和標準，完善風險管理運行機制，注重新技術的應用，並以科學和動態的方法和措施來指導生產和消費。同時，歐盟還不斷改進在食品安全上的管理手段和管理方法，建立各種信息傳遞和快速反應機制，最大限度地確保食品安全。

從歐盟的經驗可以看出，統一協調各成員國的組織管理體系、預防為主的監管機制、覆蓋全產業鏈的監管制度以及不斷調整完善的機制設計是歐盟食品安全的堅實保障。我們應該在瞭解自身問題的基礎上，借鑑其經驗。

（二）中國食品安全監管制度存在的問題

近年來，中國食品安全問題不斷，凸顯在食品安全監管制度方面存在諸多不足。

1. 監管部門之間不協調

一是中央與地方之間不協調。儘管中央政府有決心和動力要做好食品安全監管工作，但是由於食品生產地加強監管會在短期內打擊本地食品行業，不加強監管禍害的是全國這一特殊性，地方一般沒有足夠的動力加強監管，這就造成了食品安全監管中「上有政策，下有對策」。二是各監管部門之間不協調。一方面，中國食品安全監管採用多個部門分段監管的方法：農業部門監督農產品的生產環節，質量監督部門監督食品的生產加工環節，工商部門監督食品流通環節，食品藥品監督部門

中歐食品貿易案例解析

監督餐飲業、食堂等食品的消費環節,海關部門監督食品進出口環節,商務部門監督食品供應行業,衛生部門承擔食品安全的綜合監督、組織協調和依法查處重大食品安全事故,各監管部門之間的協調性差,監管效率低下。另一方面,中國食品安全法律標準比較分散,沒有形成統一的體系。特別是在部門管理銜接的地方,管理手段和法律法規空白,為食品安全帶來隱患。

2. 事後追查,亡羊補牢

中國在食品安全事前監管的制度尚未建立,一直以來更傾向於事後追查,缺乏預警機制。而且,監管機構行動晚於媒體行動。這種「亡羊補牢」式的監管,對國家和人民造成了難以挽回的損失。

3. 監管環節缺失

中國尚未建立起覆蓋整個產業鏈的食品安全監管體系。生產源頭監管缺失,生產加工環節與流通環節監管機構消極怠工。尤其是中國從食品農產品生產情況來看,個體生產、家庭作坊式的生產方式占農產品食品企業的大多數,這些小作坊沒有衛生許可證,絕大多數遊離於監管之外,各個地區上規模的食品農產品生產加工企業屈指可數。受規模效益的影響,許多小型企業存在生產管理體制不健全、粗放經營的現象,產品質量不穩定,難以控制,而且行政管理部門在對這些小型企業的管理中也很難操作,漏洞較多,對食品安全問題的管理很難落實。而事實證明,出現食品安全問題較多的生產企業主要以小型和家庭式食品生產企業為主。

4. 質量安全標準多年不變

中國食品安全標準修訂緩慢,不少標準已經多年未變。發達國家的食品安全標準的修改週期一般是 3~5 年,而中國有些標準已經實施達 10 年,甚至更長。這些標準已經不適應變化了的食品生產加工技術,更難以適應監管的需要。

(三) 完善中國食品安全監管制度的對策措施

借鑑歐盟經驗,汲取其先進的監管理念,參考其科學的制度設計,同時充分結合中國國情,可以採取如下幾方面對策完善中國食品安全監管制度。

1. 建立中央統一協調的管理機制

在中央一級,將國家食品安全委員會轉變為食品安全戰略決策機構,負責制定食品安全國家標準和法律、檢查和評估地方監管機構等工作;將各個部門監管職能合併,組建統一的食品安全監管機構,主要承擔食品安全監管的指揮控制工作。在地方一級,賦予食品安全監管機構獨立的決策權,並明確其責任義務,使其直接對中央一級監管部門負責,接受中央監督;同時,加強基層監管隊伍建設,以保證切實落實中央決策,做好食品安全方面的檢查、抽樣、監測和分析等監管工作。

2. 強化預防為主的監管理念,建立預防優先的風險防範機制

扭轉事後監管的「亡羊補牢」式監管,必須強化預防為主的監管理念,建立預

第六章　歐盟食品安全法規對中國的啟示

防優先的風險防範機制。學習歐盟經驗，通過立法，盡快建立獨立、科學的風險評估機制，明確應當開展風險評估的情形，加強風險信息交流；建立快速預警機制，當風險評估機制確定風險後，迅速採取發布危險信息、下架、召回問題食品等緊急應對措施，將食品安全風險控制在萌芽狀態。

3. 建立全程監管制度

將「從農田到餐桌」的全程監管理念轉變成實踐。可通過中央政府主導，或者中央政府委託獨立的第三方機構，組織建立全國統一的食品安全可追溯制度，使得食品生產、加工、運輸、銷售等整個產業鏈的各個環節都有跡可循，都在統一的規範約束下運行，最大限度地保證食品安全。

4. 對監管制度和政策進行動態調整

根據國際國內食品安全形勢的變化，對食品安全監管制度和政策不斷進行調整完善，以提高制度運行和政策實施效率。比如，及時修訂國家食品安全標準，以適應變化了的食品生產加工技術；及時修訂食品安全法律法規，以應對各種新的食品安全問題，保證監督的範圍和懲治的力度有效；及時創新針對進口食品的制度設計，以應對國際食品安全新形勢。

中國食品安全問題面臨著嚴峻的挑戰，加入世界貿易組織以後變得尤為突出。一些具有比較優勢的農產品出口屢屢受挫。歐盟的食物鏈是世界上最為安全的食物鏈之一，研究歐盟的食品安全管理措施和保障體系並將其與中國的實際情況進行對比分析，將有助於建立和健全中國食品安全及保障體系，具有重要的現實意義。

結束語

研究和分析歐盟及其成員國安全管理體系，將有助於發現中國食品安全管理體系中存在的主要問題，從而借鑑歐盟食品安全管理的長處與經驗，來進一步完善中國食品的安全體系，提升中國食品的安全質量和市場競爭力。自黨的十五屆三中全會把「食品安全」寫入會議決定以來，國務院各有關部門和各級政府都相繼實施了一系列食品安全相關的措施。如農業部自 2000 年以來，建立了全國農產品和農業投入品的安全監測制度；從 2002 年開始實施「無公害食品行動計劃」；國家質檢總局自 2002 年開始進行對米、油、面、醬、醋等 5 大類食品的市場質量抽查，實施了食品 QS 質量安全標志制度；衛計委自 2000 年開始在 10 個省、市建立了食品污染物監測網絡；2003 年國家成立了國家食品藥品監督管理總局等等，都取得了一定的成效。但從全國各地頻發的食品事故和食品安全質量檢測結果反應的情況來看，中國食品安全問題仍較為突出，無論從管理體系、法制建設、標準制定和執行、檢測監督、風險預警等方面都存在不少問題。因此，研究和總結歐盟在食品安全管理上的特點和經驗，對我們具有十分重大的借鑑意義。

參考文獻

[1] 唐華. 論歐盟食品安全法規體系及其對中國的啟示 [D]. 北京：對外經濟貿易大學，2006.

[2] 駱立剛. 歐盟食品安全法律體系與農殘壁壘對策研究 [D]. 天津：河北工業大學，2007.

[3] 張濤. 食品安全法律規制研究 [D]. 重慶：西南政法大學，2005.

[4] 郜春慧. 基於食品安全的中國對外食品貿易研究 [D]. 沈陽：沈陽工業大學，2011.

[5] 沈漫. 歐盟貿易限制措施對中國出口商品影響的實證研究 [D]. 北京：北京工業大學，2007.

[6] 秦富，王秀清，辛賢，等. 歐美食品安全體系研究 [M]. 北京：中國農業出版社，2003.

[7] 冷博士，錢林譯. 歐盟食物安全白皮書 [M]. 上海：上海交通大學出版社，2003.

[8] 姚衛蓉，錢和. 食品安全指南 [M]. 北京：中國輕工業出版社，2005.

[9] 賈敬敦，陳春明. 中國食品安全態勢分析 [M]. 北京：中國農業科學出版社，2003.

[10] MARION NESTLE. SAFE FOOD [M]. 北京：社會科學文獻出版社，2004.

[11] 羅丹，陳潔. 綠色壁壘對中國農產品貿易的影響對策 [J]. 農業經濟，2000，21（2）：9-12.

[12] 陳錫文，鄧楠. 中國食品安全戰略研究 [M]. 北京：化學工業出版社，2004.

參考文獻

［13］王大寧，董益陽，鄒明強. 農藥殘留檢測及監控技術［M］. 北京：化工出版社，2006.

［14］Caswell Julie A, ed. Economics of Food Safety［M］. New York, NY：Elsevier Science Publishing Company, Inc, 1991.

［15］Aldrich, Lorna, Food-safety policy：Balancing risk and costs［J］. Food Review, 1994, 17（2）：9-13.

［16］張永安，吳清峰. 應對歐盟綠色壁壘對中國農產品出口的影響［J］. 世界經濟研究，2003（1）：50-53.

［17］付建全，王健. 歐盟技術貿易壁壘對中國農產品出口的影響及對策［J］. 保定：河北農業大學學報（農林教育版），2005，7（2）：79-81.

［18］畢金峰，魏益民，潘家榮. 歐盟食品安全法規體系及其借鑑［J］. 中國食物與營養，2005（3）.

［19］秦富，吳水榮，江文濤，等. 歐盟食品安全管理與保障體系［J］. 科學決策，2004（4）：20-27.

［20］劉繼芬. 歐盟食品質量安全推廣體系［J］. 農產品質量與安全，2004（5）：45-48.

［21］汪平. 美國、歐盟有關轉基因食品安全性的法律規範［J］. 廣西社會科學，2004（4）：98-100.

［22］陳琰輝. 美歐轉基因食品貿易爭端的深層原因［J］. 當代經濟，2005（10）：49.

［23］馬述忠. 歐盟對轉基因產品的管理措施［J］. 世界農業，2004（11）：45-47.

［24］楊輝. 中國食品安全法律體系的現狀與完善［J］. 農場經濟管理，2006（1）：35-37.

附錄　歐盟食品法規標準節選

食品中文名	食品英文名	污染物中文名	污染物英文名	限量	使用限制及備註中文
熏制魚以及熏制水產品的瘦肉，不包括第 6.1.6 和第 6.1.7 條列出的水產品（茲熏鯡魚和熏鯡魚罐頭（sprattus sprattus）；雙殼貝類（新鮮，冷藏或冷凍）；出售給最終消費者的熱處理肉類和肉類製品和雙殼貝類（熏制）。熏制甲殼類動物瘦肉的最高限量適用於肢體和腹部肉。例如熏制蟹以及蟹狀甲殼類動物（Brachyura and Anomura）肢體的肉	Muscle meat of smoked fish and smoked fishery products, excluding fishery products listed in points 6.1.6 and 6.1.7. The maximum level for smoked crustaceans applies to muscle meat from appendages and abdomen. In case of smoked crabs and crab-like crusta	苯並芘	Benzo (a) pyrene	2.0μg/kg	該限量自 2014 年 9 月 1 日起適用
熏制魚以及熏制水產品的瘦肉，不包括第 6.1.6 和第 6.1.7 條列出的水產品（茲熏鯡魚和熏鯡魚罐頭（sprattus sprattus）；雙殼貝類（新鮮，冷藏或冷凍）；出售給最終消費者的熱處理肉類和肉類製品和雙殼貝類（熏制）。熏制甲殼類動物瘦肉的最高限量適用於肢體和腹部肉。例如熏制蟹以及蟹狀甲殼類動物（Brachyura and Anomura）肢體的肉	Muscle meat of smoked fish and smoked fishery products, excluding fishery products listed in points 6.1.6 and 6.1.7. The maximum level for smoked crustaceans applies to muscle meat from appendages and abdomen. In case of smoked crabs and crab-like crusta	苯並(a)芘，苯並(a)蒽，苯並(b)熒蒽和苯並菲的總量	Sum of benzo (a)-pyrene, benz (a) anthracene, benzo (b) fluoranthene and chrysene	12.0μg/kg	該限量自 2014 年 9 月 1 日起適用

附錄　歐盟食品法規標準節選

表(續)

食品中文名	食品英文名	污染物中文名	污染物英文名	限量	使用限制及備註中文
菸熏鯡魚和熏鯡魚罐頭（sprattus sprattus）；雙殼貝類（新鮮，冷藏或冷凍）；出售給最終消費者的熱處理肉類和肉類製品	Smoked sprats and canned smoked sprats(sprattus sprattus); bivalve molluscs (fresh, chilled or frozen) (26); heat treated meat and heat treated meat products (46) sold to the final consumer	苯並芘	Benzo (a) pyrene	5.0μg/kg	
菸熏鯡魚和熏鯡魚罐頭（sprattus sprattus）；雙殼貝類（新鮮，冷藏或冷凍）；出售給最終消費者的熱處理肉類和肉類製品	Smoked sprats and canned smoked sprats(sprattus sprattus); bivalve molluscs (fresh, chilled or frozen) (26); heat treated meat and heat treated meat products (46) sold to the final consumer	苯並(a)芘、苯並(a)蒽、苯並(b)熒蒽和苯並菲的總量	Sum of benzo(a)-pyrene, benz(a)anthracene, benzo(b)fluoranthene and chrysene	30.0μg/kg	
腌制、深度冷凍或冷凍菠菜	Preserved, deep-frozen or frozen spinach	硝酸鹽	Nitrate	2,000 mg/kg	以 NO_3 計
野生捕撈鰻魚（Anguilla anguilla）的魚肉及其製品	Muscle meat of wild caught eel (Anguilla anguilla) and products thereof	二噁英總量（WHO-PCDD/F-TEQ）	Sum of dioxins (WHO-PCDD/F-TEQ)	3.5pg/g	上界濃度；上界濃度是將低於檢測限的同類物質的含量等同於檢測限計算得出的。濕重
野生捕撈鰻魚（Anguilla anguilla）的魚肉及其製品	Muscle meat of wild caught eel (Anguilla anguilla) and products thereof	二噁英和二噁英類多氯聯苯總量（WHO-PCDD/F-PCB-TEQ）	Sum of dioxins and dioxin-like PCBS (WHO-PCDD/F-PCB-TEQ)	10.0pg/g	上界濃度；上界濃度是將低於檢測限的同類物質的含量等同於檢測限計算得出的。濕重
野生捕撈鰻魚（Anguilla anguilla）的魚肉及其製品	Muscle meat of wild caught eel (Anguilla anguilla) and products thereof	PCB28，PCB52，PCB101，PCB138，PCB153 和 PCB180 的總量（ICES-6）	Sum of PCB28，PCB52，PCB101，PCB138，PCB153 and PCB180 (ICES-6)	300 ng/g	上界濃度；上界濃度是將低於檢測限的同類物質的含量等同於檢測限計算得出的。濕重
野生淡水魚的魚肉，不包括淡水捕撈的洄遊魚類，及其製品	Muscle meat of wild caught fresh water fish, with the exception of diadromous fish species caught in fresh water, and products thereof	二噁英總量（WHO-PCDD/F-TEQ）	Sum of dioxins (WHO-PCDD/F-TEQ)	3.5pg/g	上界濃度；上界濃度是將低於檢測限的同類物質的含量等同於檢測限計算得出的。濕重
新鮮菠菜	Fresh spinach (Spinacia oleracea)	硝酸鹽	Nitrate	3,500 mg/kg	以 NO_3 計
新鮮萵苣（萵苣L.）（棚內和露天種植的萵苣），不包括卷心萵苣	Fresh Lettuce (Lactuca sativa L.) (protected and open-grown lettuce) excluding lettuce listed in point 1.4 (『Iceberg』type lettuce)	硝酸鹽	Nitrate	5,000 mg/kg	以 NO_3 計

125

表(續)

食品中文名	食品英文名	污染物中文名	污染物英文名	限量	使用限制及備註中文
新鮮萵苣(萵苣 L.)(棚內和露天種植的萵苣),不包括卷心萵苣	Fresh Lettuce (Lactuca sativa L.) (protected and open-grown lettuce) excluding lettuce listed in point 1.4 (「Iceberg」type lettuce)	硝酸鹽	Nitrate	4,000 mg/kg	以 NO_3 計
新鮮萵苣(萵苣 L.)(棚內和露天種植的萵苣),不包括卷心萵苣	Fresh Lettuce (Lactuca sativa L.) (protected and open-grown lettuce) excluding lettuce listed in point 1.4 (「Iceberg」type lettuce)	硝酸鹽	Nitrate	3,000 mg/kg	以 NO_3 計
熏肉以及熏肉製品	Smoked meats and smoked meat products	苯並芘	Benzo(a)pyrene	2.0μg/kg	該限量自2014年9月1日起適用
熏肉以及熏肉製品	Smoked meats and smoked meat products	苯並(a)芘、苯並(a)蒽、苯並(b)熒蒽和苯並菲的總量	Sum of benzo(a)-pyrene, benz(a)anthracene, benzo(b)fluoranthene and chrysene	12.0μg/kg	該限量自2014年9月1日起適用
下列魚的肉:鰹魚(Sarda sarda)、項帶重牙鯛(Diplodus vulgaris)、鰻魚(Anguilla anguilla)、鯔魚(Mugil labrosus labrosus)、竹莢魚或鯵魚(Trachurus species)、騏鮃(Luvarus imperialis)、鯖魚(Scomber species)、沙丁魚(Sardina pilchardus)、遠東擬沙丁魚(Sardinops species)、金槍魚(Thunnus species, Eut	Muscle meat of the following fish: bonito (Sarda sarda) common two-banded seabream (Diplodus vulgaris) eel (Anguilla anguilla) grey mullet (Mugil labrosus labrosus) horse mackerel or scad (Trachurus species) louvar or luvar (Luvarus imperialis) mackerel	鎘	Cadmium	0.10 mg/kg	此類別中的魚是根據理事會條例(EC) No 104/2000 (OJ L 17, 21.1.2000, p.22)第1條所列的類別(a)進行定義的,但不包括CN編碼為03027000 的魚肝;若魚擬用於整條食用,則最大限量適用於整條魚
下列魚的肉:琵琶魚 anglerfish (Lophius species)、大西洋鯰魚 Atlantic catfish (Anarhichas lupus)、鰹魚 bonito (Sarda sarda)、鰻魚 eel (Anguilla species)、皇帝魚 emperor、橙連鰭鮭 orange roughy、金鱗魚 rosy soldierfish (Hoplostethus species)、鬚鱈 grenadier (Coryphaenoides rupestris)、大比目魚 hal	Muscle meat of the following fish (24) (25): anglerfish (Lophius species) Atlantic catfish (Anarhichas lupus) bonito (Sarda sarda) eel (Anguilla species) emperor, orange roughy, rosy soldierfish (Hoplostethus species) grenadier (Coryphaenoides rupestr	汞	Mercury	1.0 mg/kg	

附錄　歐盟食品法規標準節選

表(續)

食品中文名	食品英文名	污染物中文名	污染物英文名	限量	使用限制及備註中文
下列魚的肉:鳳尾魚(Engraulis species)、劍魚(Xiphias gladius)	Muscle meat of the following fish: anchovy (Engraulis species) swordfish (Xiphias gladius)	鎘	Cadmium	0.30 mg/kg	此類別中的魚是根據理事會條例(EC) No 104/2000 (OJ L 17, 21.1.2000, p.22)第1條所列的類別(a)進行定義的,但不包括CN編碼為03027000的魚肝;若魚擬用於整條食用,則最大限量適用於整條魚
下列魚的肉:炸彈魚(圓舵鰹 Auxis species)	Muscle meat of the following fish: bullet tuna (Auxis species)	鎘	Cadmium	0.20 mg/kg	此類別中的魚是根據理事會條例(EC) No 104/2000 (OJ L 17, 21.1.2000, p.22)第1條所列的類別(a)進行定義的,但不包括CN編碼為03027000的魚肝;若魚擬用於整條食用,則最大限量適用於整條魚
下列種類的香料:辣椒屬(其干果,整個的或者磨碎的,包括干辣椒、干辣椒粉、牛角椒、紅辣椒粉)、胡椒屬(其果實,包括白胡椒和黑胡椒)、印尼肉豆蔻(肉蔻)、姜(生姜)、姜黃(鬱金姜黃),含有一個或多個上述香料的混合物	Following species of spices: Capsicum spp. (dried fruits thereof, whole or ground, including chillies, chilli powder, cayenne and paprika) Piper spp. (fruits thereof, including white and black pepper) Myristica fragrans (nutmeg) Zingiber officinale (ginger)	黃曲霉毒素(B1, B2, G1和G2的總量)	Aflatoxins (Sum of B1, B2, G1 and G2)	10.0μg/kg	
下列種類的香料:辣椒屬(其干果,整個的或者磨碎的,包括干辣椒、干辣椒粉、牛角椒、紅辣椒粉)胡椒屬(其果實,包括白胡椒和黑胡椒)、印尼肉豆蔻(肉蔻)姜(生姜)姜黃(鬱金姜黃),含有一個或多個上述香料的混合物	Following species of spices: Capsicum spp. (dried fruits thereof, whole or ground, including chillies, chilli powder, cayenne and paprika) Piper spp. (fruits thereof, including white and black pepper) Myristica fragrans (nutmeg) Zingiber officinale	黃曲霉毒素 B1	Aflatoxins B1	5.0μg/kg	
香料,包括干香料:含有下列一個或多個香料的混合物:胡椒屬(果實部分,包括黑色和白色胡椒)、肉豆蔻(nutmeg)、干姜(ginger)、姜黃(turmeric)、辣椒屬(其干果,整個的或者磨碎的,包括干辣椒、干辣椒粉、牛角椒、以及紅辣椒粉)	Spices, including dried spices: Mixtures of spices containing one of the abovementioned spices	赭曲霉素 A	Ochratoxin A	15μg/kg	
香料,包括干香料:胡椒屬(果實部分,包括黑色和白色胡椒)、肉豆蔻(nutmeg)、干姜(ginger)、姜黃(turmeric)	Spices, including dried spices: Piper spp (fruits thereof, including white and black pepper) Myristica fragrans (nutmeg) Zingiber officinale (ginger) Curcuma longa (turmeric)	赭曲霉素 A	Ochratoxin A	15μg/kg	

中歐食品貿易案例解析

表(續)

食品中文名	食品英文名	污染物中文名	污染物英文名	限量	使用限制及備註中文
香料,包括干香料:辣椒屬(其干果,整個的或者磨碎的,包括干辣椒、干辣椒粉、牛角椒、紅辣椒粉)	Spices, including dried spices: Capsicum spp. (dried fruits thereof, whole or ground, including chillies, chilli powder, cayenne and paprika)	赭曲霉素A	Ochratoxin A	15μg/kg	從2015年1月1日起
頭足類動物(不含內臟)	Cephalopods (without viscera)	鎘	Cadmium	1.0 mg/kg	食品屬於條例(EC)NO 104/2000 第1條所列的類別(c)和類別(f),若適用(相關條目中所列的種類)。若為干制、稀釋和(或)組合食品,則適用第2(1)條和2(2)條
未加工穀物	Unprocessed cereals	赭曲霉素A	Ochratoxin A	5.0μg/kg	
未加工穀物以及谷類產品	Unprocessed cereals and cereal products	T-2和HT-2毒素	T-2 and HT-2 toxin	未規定	大米不包括在「穀物」中,並且大米製品不包括在「穀物製品」中
未加工牛奶,熱處理牛奶和奶製品加工中的用奶	Raw milk, heat-treated milk and milk for the manufacture of milk-based products	鉛	Lead	0.020 mg/kg	根據2004年4月29日規定了動物源食品的具體衛生規則的歐洲議會和理事會條例853/2004中指定的此類食品範疇(OJ L 226,25.6.2004,第22頁)
未加工硬小麥和燕麥	Unprocessed durum wheat and oats	脫氧雪腐鐮刀菌烯醇	Deoxynivalenol	1,750 μg/kg	大米不包括在「穀物」中,並且大米製品不包括在「穀物製品」中
未加工玉米,不包括擬用於通過濕磨處理的未加工玉米	Unprocessed maize, with the exception of unprocessed maize intended to be processed by wet milling	脫氧雪腐鐮刀菌烯醇	Deoxynivalenol	1,750 μg/kg	大米不包括在「穀物」中,並且大米製品不包括在「穀物製品」中
未加工玉米,不包括擬用於通過濕磨處理的未加工玉米	Unprocessed maize, with the exception of unprocessed maize intended to be processed by wet milling	玉米赤霉烯酮	Zearalenone	350μg/kg	大米不包括在「穀物」中,並且大米製品不包括在「穀物製品」中
未加工玉米,不包括擬用於通過濕磨處理的未加工玉米	Unprocessed maize, with the exception of unprocessed maize intended to be processed by wet milling	伏馬菌素B1和B2總量	Fumonisins B1+B2	4,000 μg/kg	該最高限量水準於2007年10月1日起適用
無花果干	Dried figs	黃曲霉毒素B1	Aflatoxins B1	6.0μg/kg	
無花果干	Dried figs	黃曲霉毒素(B1, B2, G1和G2)的總量	Aflatoxins (Sum of B1, B2, G1 and G2)	10.0μg/kg	
雙殼貝類	Bivalve molluscs	鎘	Cadmium	1.0 mg/kg	食品屬於條例(EC)NO 104/2000 第1條所列的類別(c)和類別(f),若適用(相關條目中所列的種類)。若為干制、稀釋和(或)組合食品,則適用第2(1)條和2(2)條
雙殼貝類(熏制)	Bivalve molluscs (smoked)	苯並笓	Benzo(a)pyrene	6.0μg/kg	
雙殼貝類(熏制)	Bivalve molluscs (smoked)	苯並(a)芘、苯並(a)蒽、苯並(b)熒蒽和苯並菲的總量	Sum of benzo(a)-pyrene, benz(a)anthracene, benzo(b)fluoranthene and chrysene	35.0μg/kg	

附錄 歐盟食品法規標準節選

表(續)

食品中文名	食品英文名	污染物中文名	污染物英文名	限量	使用限制及備註中文
水果,不包括漿果和小果實	Fruit, excluding berries and small fruit	鉛	Lead	0.10 mg/kg	最大限量適用於清洗過的蔬菜或水果和已分離的可食用部分
水解植物蛋白	Hydrolysed vegetable protein	錫	Tin	20 mg/kg	最大限量適用於含有40%干物質的液態產品,干物質相應的最大限量為5ug/kg。限量需要根據產品中干物質的含量進行調整
水解植物蛋白	Hydrolysed vegetable protein	3-氯丙醇(3-MCPD)	3-monochloro-propane-1,2-diol (3-MCPD)	20μg/kg	
飼料	Feedingstuffs	銫134和銫137的總和	Sum of Cs-134 and Cs-137	500 Bq/kg	為確保應用於日本的現有行動水準的一致性,這些值暫時取代理事會條例(Euratom) No 770/90 中制定的值|原產於或從日本運輸的飼料和食品
飼料	Feedingstuffs	碘的同位素總和,主要是I-131	Sum of Isotopes of iodine, notably I-131	2,000 Bq/kg	該值是在評估碘從飼料遷移到食品中的遷移因子時臨時制定的,並與食品採用的值相同|原產於或從日本運輸的飼料和食品
所有罐裝食品,不包括罐裝飲料	Canned foods other than beverages	錫	Tin	200 mg/kg	
頭足類動物(不含內臟)	Cephalopods (without viscera)	鉛	Lead	1.0 mg/kg	食品屬於條例(EC) NO 104/2000 第1條所列的類別(c)和類別(f),若適用(相關條目中所列的種類)。若為干制、稀釋和(或)組合食品,則適用第2(1)條和2(2)條
食品補充劑	Food supplements	汞	Mercury	0.10 mg/kg	最大限量適用於出售的食品補充劑
食品添加劑	Food supplements	鉛	Lead	3.0 mg/kg	最大限量適用於出售的食品添加劑
食品添加劑,但不包括由干海帶、海藻衍生產品或干雙殼貝類專門或主要組成的食品添加劑	Food supplements excl. food supplements listed in point 3.2.20	鎘	Cadmium	1.0 mg/kg	最大限量適用於出售的食品補充劑
食用菌,但不包括:雙孢菇(common mushroom)、平菇(Oyster mushroom)、香菇(Shiitake mushroom)	Fungi, excluding those listed in point 3.2.17	鎘	Cadmium	1.0 mg/kg	最大限量適用於清洗過的蔬菜或水果和已分離的可食用部分
蔬菜,不包括蕓薹屬蔬菜、葉類蔬菜、新鮮的香草、菌類和海草。土豆的最高殘留限量適用於去皮土豆	Vegetables, excluding brassica vegetables, leaf vegetables, fresh herbs, fungi and seaweed. For potatoes the maximum level applies to peeled potatoes.	鉛	Lead	0.10 mg/kg	最大限量適用於清洗過的蔬菜或水果和已分離的可食用部分
蔬菜和水果,不包括葉類蔬菜、新鮮的香草、葉類甘藍類蔬菜、菌類、莖類蔬菜、根和塊莖類蔬菜和海帶	Vegetables and fruit, excluding leaf vegetables, fresh herbs, leafy brassica, fungi, stem vegetables, root and tuber vegetables and seaweed	鎘	Cadmium	0.050 mg/kg	最大限量適用於清洗過的蔬菜或水果和已分離的可食用部分
蔬菜油和脂肪	Vegetable oils and fats	二噁英總量(WHO-PCDD/F-TEQ)	Sum of dioxins (WHO-PCDD/F-TEQ)	0.75pg/g	上界濃度:上界濃度是將低於檢測限的同類物質的含量等同於檢測限計算得出的。以脂肪為基礎計算

表(續)

食品中文名	食品英文名	污染物中文名	污染物英文名	限量	使用限制及備註中文
蔬菜油和脂肪	Vegetable oils and fats	二噁英和二噁英類多氯聯苯總量(WHO-PCDD/F-PCB-TEQ)	Sum of dioxins and dioxin-like PCBS (WHO-PCDD/F-PCB-TEQ)	1.25 pg/g	上界濃度;上界濃度是將低於檢測限的同類物質的含量等同於檢測限計算得出的。以脂肪為基礎計算
蔬菜油和脂肪	Vegetable oils and fats	PCB28、PCB52、PCB101、PCB138、PCB153 和 PCB180 的總量(ICES-6)	Sum of PCB28、PCB52、PCB101、PCB138、PCB153 and PCB180 (ICES-6)	40 ng/g	上界濃度;上界濃度是將低於檢測限的同類物質的含量等同於檢測限計算得出的。以脂肪為基礎計算
雙殼貝類	Bivalve molluscs	鉛	Lead	1.5 mg/kg	食品屬於條例(EC)NO 104/2000 第 1 條所列的類別(c)和類別(f),若適用(相關條目中所列的種類)。若為干制、稀釋和(或)組合食品,則適用第 2(1)條和 2(2)條
牛屬動物和綿羊的脂肪	fat of the bovine animals and sheep	二噁英和二噁英類多氯聯苯總量(WHO-PCDD/F-PCB-TEQ)	Sum of dioxins and dioxin-like PCBS (WHO-PCDD/F-PCB-TEQ)	4.0 pg/g	上界濃度;上界濃度是將低於檢測限的同類物質的含量等同於檢測限計算得出的。以脂肪為基礎計算
牛屬動物和綿羊的脂肪	fat of the bovine animals and sheep	PCB28、PCB52、PCB101、PCB138、PCB153 和 PCB180 的總量(ICES-6)	Sum of PCB28、PCB52、PCB101、PCB138、PCB153 and PCB180 (ICES-6)	40 ng/g	上界濃度;上界濃度是將低於檢測限的同類物質的含量等同於檢測限計算得出的。以脂肪為基礎計算
葡萄酒(包括起泡葡萄酒,不包括利口酒和酒精度不低於15% vol 的葡萄酒)以及水果酒	Wine (including sparkling wine, excluding liqueur wine and wine with an alcoholic strength of not less than 15% vol) and fruit wine	赭曲霉素 A	Ochratoxin A	2.0 μg/kg	根據1999年5月17日關於規定了葡萄酒的市場共同組織的理事會條例(EC) No 1493/1999(OJ L 179,14.7.1999,p.1)中規定的此分類範疇中所列的食品,該條例根據歐洲聯盟同意保加利亞共和國和羅馬尼亞共和國加入的條件和安排的草案進行了最新修訂(OJL157,21.6.2005,p.29),該最大限量水準適用於2005年之後收穫的產品
葡萄酒(包括氣泡酒,不包括利口酒)、蘋果酒、梨酒和水果酒	Wine (including sparkling wine, excluding liqueur wine), cider, perry and fruit wine *	鉛	Lead	0.20 mg/kg	根據1999年5月17日關於規定了葡萄酒的市場共同組織的理事會條例(EC) No 1493/1999(OJ L 179,14.7.1999,p.1)中規定的此分類範疇中所列的食品,該條例根據歐洲聯盟同意保加利亞共和國和羅馬尼亞共和國加入的條件和安排的草案進行了最新修訂(OJL157,21.6.2005,p.29);最大限量適用於自2001年收穫的水果所制成的產品
其他食品,但不包括液體食品	Other foodstuffs, except liquid foodstuffs	鍶的同位素總和,主要是 SR-90	Sum of Isotopes of strontium, notably Sr-90	750 Bq/kg	原產於或從日本運輸的飼料和食品
其他食品,但不包括液體食品	Other foodstuffs, except liquid foodstuffs	碘的同位素總和,主要是 I-131	Sum of Isotopes of iodine, notably I-131	2,000 Bq/kg	原產於或從日本運輸的飼料和食品

附錄 歐盟食品法規標準節選

表(續)

食品中文名	食品英文名	污染物中文名	污染物英文名	限量	使用限制及備註中文
其他食品,但不包括液體食品	Other foodstuffs, except liquid foodstuffs	鈈和超鈈元素的α-放射性同位素總和,主要是鈈-239,AM-241	Sum of Alpha-emitting isotopes of plutonium and trans-plutonium elements, notably Pu-239, Am-241	10 Bq/kg	為確保應用於日本的現有行動水準的一致性,這些值暫時取代理事會條例(Euratom)No 3954/87中制定的值|原產於或從日本運輸的飼料和食品
其他食品,但不包括液體食品	Other foodstuffs, except liquid foodstuffs	所有的半衰期超過10天的其他核素,主要是銫134、銫137,但不包括C-14 and H-3	Sum of all other nuclides of half-life greater than 10 days, notably Cs-134 and Cs-137, except C-14 and H-3	500 Bq/kg	為確保應用於日本的現有行動水準的一致性,這些值暫時取代理事會條例(Euratom)No 3954/87中制定的值|原產於或從日本運輸的飼料和食品
乳和乳製品	Milk and dairy products	鍶的同位素總和,主要是SR-90	Sum of Isotopes of strontium, notably Sr-90	125Bq/kg	原產於或從日本運輸的飼料和食品
乳和乳製品	Milk and dairy products	碘的同位素總和,主要是I-131	Sum of Isotopes of iodine, notably I-131	300Bq/kg	為確保應用於日本的現有行動水準的一致性,這些值暫時取代理事會條例(Euratom)No 3954/87中制定的值|原產於或從日本運輸的飼料和食品
牛、羊、豬、家禽和馬的腎臟	Kidney of bovine animals, sheep, pig, poultry and horse	鎘	Cadmium	1.0 mg/kg	根據2004年4月29日規定了動物源食品的具體衛生規則的歐洲議會和理事會條例853/2004中指定的此類食品範疇(OJ L 226,25.6.2004,第22頁)
牛、羊、豬和家禽的下水	Offal of bovine animals, sheep, pig and poultry	鉛	Lead	0.50 mg/kg	根據2004年4月29日規定了動物源食品的具體衛生規則的歐洲議會和理事會條例853/2004中指定的此類食品範疇(OJ L 226,25.6.2004,第22頁)
牛、羊、豬和家禽肉,不包括下水	Meat (excluding offal) of bovine animals, sheep, pig and poultry	鉛	Lead	0.10 mg/kg	根據2004年4月29日規定了動物源食品的具體衛生規則的歐洲議會和理事會條例853/2004中指定的此類食品範疇(OJ L 226,25.6.2004,第22頁)
牛、羊、豬和家禽肉,不包括下水	Meat (excluding offal) of bovine animals, sheep, pig and poultry	鎘	Cadmium	0.050 mg/kg	根據2004年4月29日規定了動物源食品的具體衛生規則的歐洲議會和理事會條例853/2004中指定的此類食品範疇(OJ L 226,25.6.2004,第22頁)
牛和羊的肉以及肉製品(不包括可食用下水)	Meat and meat products (excluding edible offal) of the bovine animals and sheep	二噁英總量(WHO-PCDD/F-TEQ)	Sum of dioxins (WHO-PCDD/F-TEQ)	2.5pg/g	上界濃度:上界濃度是將低於檢測限的同類物質的含量等同於檢測限計算得出的。以脂肪為基礎計算
牛和羊的肉以及肉製品(不包括可食用下水)	Meat and meat products (excluding edible offal) of the bovine animals and sheep	二噁英和二噁英類多氯聯苯總量(WHO-PCDD/F-PCB-TEQ)	Sum of dioxins and dioxin-like PCBS (WHO-PCDD/F-PCB-TEQ)	4.0pg/g	上界濃度:上界濃度是將低於檢測限的同類物質的含量等同於檢測限計算得出的。以脂肪為基礎計算

表(續)

食品中文名	食品英文名	污染物中文名	污染物英文名	限量	使用限制及備註中文
牛和羊的肉以及肉製品(不包括可食用下水)	Meat and meat products (excluding edible offal) of the bovine animals and sheep	PCB28、PCB52、PCB101、PCB138、PCB153 和 PCB180 的總量 (ICES-6)	Sum of PCB28, PCB52, PCB101, PCB138, PCB153 and PCB180 (ICES-6)	40 ng/g	上界濃度;上界濃度是將低於檢測限的同類物質的含量等同於檢測限計算得出的。以脂肪為基礎計算
牛屬動物和綿羊、家禽、豬的肝,以及其副產品	Liver of terrestrial animals referred to in 5.1 (6), and derived products thereof,	二噁英和二噁英類多氯聯苯總量 (WHO-PCDD/F-PCB-TEQ)	Sum of dioxins and dioxin-like PCBS (WHO-PCDD/F-PCB-TEQ)	10.0 pg/g	上界濃度;上界濃度是將低於檢測限的同類物質的含量等同於檢測限計算得出的。以脂肪為基礎計算
牛屬動物和綿羊、家禽、豬的肝,以及其副產品	Liver of terrestrial animals referred to in 5.1 (6), and derived products thereof,	PCB28、PCB52、PCB101、PCB138、PCB153 和 PCB180 的總量 (ICES-6)	Sum of PCB28, PCB52, PCB101, PCB138, PCB153 and PCB180 (ICES-6)	40 ng/g	上界濃度;上界濃度是將低於檢測限的同類物質的含量等同於檢測限計算得出的。以脂肪為基礎計算
牛屬動物和綿羊的脂肪	fat of the bovine animals and sheep	二噁英總量 (WHO-PCDD/F-TEQ)	Sum of dioxins (WHO-PCDD/F-TEQ)	2.5 pg/g	上界濃度;上界濃度是將低於檢測限的同類物質的含量等同於檢測限計算得出的。以脂肪為基礎計算
可溶咖啡(速溶咖啡)	Soluble coffee (instant coffee)	赭曲霉素 A	Ochratoxin A	10.0 μg/kg	
落花生(花生)和其他油籽,在供人類食用或者用作食品成分之前要進行分選或者其他物理處理,不包括:-壓榨用於精煉植物油生產的落花生(花生)或其他油籽	Groundnuts (peanuts) and other oilseeds, to be subjected to sorting, or other physical treatment, before human consumption or use as an ingredient in foodstuffs, with the exception of: —groundnuts (peanuts) and other oilseeds for crushing for refined ve	黃曲霉毒素 B1	Aflatoxins B1	8.0 μg/kg	該最高限量水準適用於落花生和堅果的可食用部分。如果對「帶殼」的落花生和堅果進行分析,則在計算黃曲霉素含量時,假定所有毒素均在可食用部分上
落花生(花生)和其他油籽,在供人類食用或者用作食品成分之前要進行分選或者其他物理處理,不包括:-壓榨用於精煉植物油生產的落花生(花生)或其他油籽	Groundnuts (peanuts) and other oilseeds, to be subjected to sorting, or other physical treatment, before human consumption or use as an ingredient in foodstuffs, with the exception of: —groundnuts (peanuts) and other oilseeds for crushing for refined ve	黃曲霉毒素 (B1、B2、G1 和 G2 的總量)	Aflatoxins (Sum of B1, B2, G1 and G2)	15.0 μg/kg	該最高限量水準適用於落花生和堅果的可食用部分。如果對「帶殼」的落花生和堅果進行分析,則在計算黃曲霉素含量時,假定所有毒素均在可食用部分上

附錄　歐盟食品法規標準節選

表(續)

食品中文名	食品英文名	污染物中文名	污染物英文名	限量	使用限制及備註中文
馬肉,不包括下水	Horsemeat, excluding offal	鎘	Cadmium	0.20 mg/kg	根據2004年4月29日規定了動物源食品的具體衛生規則的歐洲議會和理事會條例853/2004中指定的此類食品範疇(OJ L 226,25.6.2004,第22頁)
蔓生果果脯(穗醋栗、葡萄干以及小葡萄干)	Dried vine fruit (currants, raisins and sultanas)	赭曲霉素A	Ochratoxin A	10.0μg/kg	
麵包(包括小型烘烤食品)、麵粉糕餅、餅干、穀物類小吃和早餐類穀物食品,不包括玉米類小吃和玉米類早餐糧食	Bread (including small bakery wares), pastries, biscuits, cereal snacks and breakfast cereals, excluding maize snacks and maize based breakfast cereals	玉米赤霉烯酮	Zearalenone	50μg/kg	大米不包括在「穀物」中,並且大米製品不包括在「穀物製品」中
麵包(包括小型烘烤食品)、麵粉糕餅、餅干、穀物類小吃和早餐類穀物食品	Bread (including small bakery wares), pastries, biscuits, cereal snacks and breakfast cereals	脫氧雪腐鐮刀菌烯醇	Deoxynivalenol	500μg/kg	大米不包括在「穀物」中,並且大米製品不包括在「穀物製品」中
面食(干的)	Pasta (dry)	脫氧雪腐鐮刀菌烯醇	Deoxynivalenol	750μg/kg	大米不包括在「穀物」中,並且大米製品不包括在「穀物製品」中
牛、羊、家禽、豬的肝臟,以及其副產品	Liver of terrestrial animals referred to in 5.1 (6), and derived products thereof,	二噁英總量(WHO-PCDD/F-TEQ)	Sum of dioxins (WHO-PCDD/F-TEQ)	4.5pg/g	上界濃度:上界濃度是將低於檢測限的同類物質的含量等同於檢測限計算得出的。以脂肪為基礎計算
牛、羊、豬、家禽和馬的肝臟	Liver of bovine animals, sheep, pig, poultry and horse	鎘	Cadmium	0.50 mg/kg	根據2004年4月29日規定了動物源食品的具體衛生規則的歐洲議會和理事會條例853/2004中指定的此類食品範疇(OJ L 226,25.6.2004,第22頁)
醬油	Soy sauce	3-氯丙醇(3-MCPD)	3-monochloropropane-1,2-diol (3-MCPD)	20μg/kg	
莖類蔬菜,根和塊莖類蔬菜,不包括芹菜。土豆的最高殘留限量適用於去皮土豆	Stem vegetables, root and tuber vegetables excluding celeriac (27). For potatoes the maximum level applies to peeled potatoes.	鎘	Cadmium	0.10 mg/kg	最大限量適用於清洗過的蔬菜或水果和已分離的可食用部分
精煉玉米油	Refined maize oil	玉米赤霉烯酮	Zearalenone	400μg/kg	大米不包括在「穀物」中,並且大米製品不包括在「穀物製品」中
酒精類飲料、蘋果酒以及其他由蘋果制成或含有蘋果汁的發酵飲料	Spirit drinks, cider and other fermented drinks derived from apples or containing apple juice	棒曲霉素	Patulin	50μg/kg	根據1989年5月29日關於規定了酒精飲料定義、描述和介紹的通用規定的理事會條例(EEC) No 1576/89(OJ L 160,12.6.1989,第1頁)中規定的本分類範疇所規定,該條例根據歐洲聯盟同意保加利亞共和國和羅馬尼亞共和國加入的條件和安排的草案進行了最新修訂
卷心萵苣	『Iceberg』 type lettuce	硝酸鹽	Nitrate	2,500 mg/kg	以 NO_3 計

133

表(續)

食品中文名	食品英文名	污染物中文名	污染物英文名	限量	使用限制及備註中文
卷心萵苣	『Iceberg』 type lettuce	硝酸鹽	Nitrate	2,000 mg/kg	以 NO_3 計
烤制咖啡豆以及磨碎的烤制咖啡豆,不包括速溶咖啡	Roasted coffee beans and ground roasted coffee, excluding soluble coffee	赭曲霉素 A	Ochratoxin A	5.0μg/kg	
可可豆和衍生產品	Cocoa beans and derived products	苯並芘	Benzo(a)pyrene	5.0μg/kg	以脂肪為計算基礎
可可豆和衍生產品	Cocoa beans and derived products	苯並(a)芘、苯並(a)蒽、苯並(b)熒蒽和苯並菲的總量	Sum of benzo(a)-pyrene, benz(a)anthracene, benzo(b)fluoranthene and chrysene	35.0μg/kg	以脂肪為計算基礎
可可豆和衍生產品	Cocoa beans and derived products	苯並(a)芘、苯並(a)蒽、苯並(b)熒蒽和苯並菲的總量	Sum of benzo(a)-pyrene, benz(a)anthracene, benzo(b)fluoranthene and chrysene	30.0μg/kg	以脂肪為計算基礎
海洋動物油(用於人類食用的魚體油,魚肝油以及其他海洋有機物)	Marine oils (fish body oil, fish liver oil and oils of other marine organisms intended for human consumption)	二噁英總量 (WHO-PCDD/F-TEQ)	Sum of dioxins (WHO-PCDD/F-TEQ)	1.75pg/g	上界濃度:上界濃度是將低於檢測限的同類物質的含量等同於檢測限計算得出的。以脂肪為基礎計算
海洋動物油(用於人類食用的魚體油,魚肝油以及其他海洋有機物)	Marine oils (fish body oil, fish liver oil and oils of other marine organisms intended for human consumption)	二噁英和二噁英類多氯聯苯總量(WHO-PCDD/F-PCB-TEQ)	Sum of dioxins and dioxin-like PCBS (WHO-PCDD/F-PCB-TEQ)	6.0pg/g	上界濃度:上界濃度是將低於檢測限的同類物質的含量等同於檢測限計算得出的。以脂肪為基礎計算
海洋動物油(用於人類食用的魚體油,魚肝油以及其他海洋有機物)	Marine oils (fish body oil, fish liver oil and oils of other marine organisms intended for human consumption)	PCB28、PCB52、PCB101、PCB138、PCB153 和 PCB180 的總量(ICES-6)	Sum of PCB28, PCB52, PCB101, PCB138, PCB153 and PCB180 (ICES-6)	200 ng/g	上界濃度:上界濃度是將低於檢測限的同類物質的含量等同於檢測限計算得出的。以脂肪為基礎計算
混合動物脂肪	Mixed animal fats	二噁英總量 (WHO-PCDD/F-TEQ)	Sum of dioxins (WHO-PCDD/F-TEQ)	1.5pg/g	上界濃度:上界濃度是將低於檢測限的同類物質的含量等同於檢測限計算得出的。以脂肪為基礎計算
混合動物脂肪	Mixed animal fats	二噁英和二噁英類多氯聯苯總量(WHO-PCDD/F-PCB-TEQ)	Sum of dioxins and dioxin-like PCBS (WHO-PCDD/F-PCB-TEQ)	2.50pg/g	上界濃度:上界濃度是將低於檢測限的同類物質的含量等同於檢測限計算得出的。以脂肪為基礎計算

附錄　歐盟食品法規標準節選

表(續)

食品中文名	食品英文名	污染物中文名	污染物英文名	限量	使用限制及備註中文
混合動物脂肪	Mixed animal fats	PCB28，PCB52，PCB101，PCB138，PCB153 和 PCB180 的總量（ICES-6）	Sum of PCB28，PCB52，PCB101，PCB138，PCB153 and PCB180（ICES-6）	40 ng/g	上界濃度：上界濃度是將低於檢測限的同類物質的含量等同於檢測限計算得出的。以脂肪為基礎計算
雞蛋和蛋製品	Hen eggs and egg products	二噁英總量（WHO-PCDD/F-TEQ）	Sum of dioxins（WHO-PCDD/F-TEQ）	2.5 pg/g	上界濃度：上界濃度是將低於檢測限的同類物質的含量等同於檢測限計算得出的。以脂肪為基礎計算
雞蛋和蛋製品	Hen eggs and egg products	二噁英和二噁英類多氯聯苯總量（WHO-PCDD/F-PCB-TEQ）	Sum of dioxins and dioxin-like PCBS（WHO-PCDD/F-PCB-TEQ）	5.0 pg/g	上界濃度：上界濃度是將低於檢測限的同類物質的含量等同於檢測限計算得出的。以脂肪為基礎計算
雞蛋和蛋製品	Hen eggs and egg products	PCB28，PCB52，PCB101，PCB138，PCB153 和 PCB180 的總量（ICES-6）	Sum of PCB28，PCB52，PCB101，PCB138，PCB153 and PCB180（ICES-6）	40 ng/g	上界濃度：上界濃度是將低於檢測限的同類物質的含量等同於檢測限計算得出的。以脂肪為基礎計算
加料葡萄酒(亦稱混合型葡萄酒)，加料葡萄酒飲料和以加料葡萄酒產品為基礎的雞尾酒	Aromatised wine, aromatised wine-based drinks and aromatised wine-product cocktails	赭曲霉素 A	Ochratoxin A	2.0μg/kg	根據1991年6月10日關於規定了加香葡萄酒的定義，描述和介紹的通用規定的理事會條例（EEC）No 1601/91（OJ L 149, 14.6.1991,p.1）中規定的此分類範疇中所列的食品，該條例根據歐洲聯盟同意保加利亞共和國和羅馬尼亞共和國加入的條件和安排的草案進行了最新修訂，赭曲毒素A的最大限量適用於這些成品中必須一定比例含有葡萄酒和/或葡萄的飲料；該最大限量水準適用於2005年之後收穫的產品
家禽肉以及肉製品（不包括可食用下水）	Meat and meat products（excluding edible offal）of the poultry	二噁英總量（WHO-PCDD/F-TEQ）	Sum of dioxins（WHO-PCDD/F-TEQ）	1.75pg/g	上界濃度：上界濃度是將低於檢測限的同類物質的含量等同於檢測限計算得出的。以脂肪為基礎計算
家禽肉以及肉製品（不包括可食用下水）	Meat and meat products（excluding edible offal）of the poultry	二噁英和二噁英類多氯聯苯總量（WHO-PCDD/F-PCB-TEQ）	Sum of dioxins and dioxin-like PCBS（WHO-PCDD/F-PCB-TEQ）	3.0pg/g	上界濃度：上界濃度是將低於檢測限的同類物質的含量等同於檢測限計算得出的。以脂肪為基礎計算
家禽肉以及肉製品（不包括可食用下水）	Meat and meat products（excluding edible offal）of the poultry	PCB28，PCB52，PCB101，PCB138，PCB153 和 PCB180 的總量（ICES-6）	Sum of PCB28，PCB52，PCB101，PCB138，PCB153 and PCB180（ICES-6）	40 ng/g	上界濃度：上界濃度是將低於檢測限的同類物質的含量等同於檢測限計算得出的。以脂肪為基礎計算
家禽脂肪	fat of the poultry	二噁英總量（WHO-PCDD/F-TEQ）	Sum of dioxins（WHO-PCDD/F-TEQ）	1.75pg/g	上界濃度：上界濃度是將低於檢測限的同類物質的含量等同於檢測限計算得出的。以脂肪為基礎計算

中歐食品貿易案例解析

表(續)

食品中文名	食品英文名	污染物中文名	污染物英文名	限量	使用限制及備註中文
家禽脂肪	fat of the poultry	二噁英和二噁英類多氯聯苯總量（WHO-PCDD/F-PCB-TEQ）	Sum of dioxins and dioxin-like PCBS（WHO-PCDD/F-PCB-TEQ）	3.0pg/g	上界濃度：上界濃度是將低於檢測限的同類物質的含量等同於檢測限計算得出的。以脂肪為基礎計算
家禽脂肪	fat of the poultry	PCB28，PCB52，PCB101，PCB138，PCB153 和 PCB180 的總量（ICES-6）	Sum of PCB28，PCB52，PCB101，PCB138，PCB153 and PCB180（ICES-6）	40 ng/g	上界濃度：上界濃度是將低於檢測限的同類物質的含量等同於檢測限計算得出的。以脂肪為基礎計算
甲殼類動物：肢體和腹部肉。如蟹類和類似甲殼類動物（Brachyura and Anomura）肢體的肌肉	Crustaceans: muscle meat from appendages and abdomen. In case of crabs and crab-like crustaceans (Brachyura and Anomura) muscle meat from appendages.	鉛	Lead	0.50 mg/kg	食品屬於條例（EC）NO 104/2000 第 1 條所列的類別（c）和類別（f），若適用（相關條目中所列的種類）。若為干制、稀釋和（或）組合食品，則適用第 2(1) 條和 2(2) 條；該定義不包括甲殼類動物的頭胸部
甲殼類動物：肢體和腹部肉。如蟹類和類似甲殼類動物（Brachyura and Anomura）肢體的肌肉	Crustaceans: muscle meat from appendages and abdomen. In case of crabs and crab-like crustaceans (Brachyura and Anomura) muscle meat from appendages.	鎘	Cadmium	0.50 mg/kg	食品屬於條例（EC）NO 104/2000 第 1 條所列的類別（c）和類別（f），若適用（相關條目中所列的種類）。若為干制、稀釋和（或）組合食品，則適用第 2(1) 條和 2(2) 條；該定義不包括甲殼類動物的頭胸部
漿果和小果實	Berries and small fruit	鉛	Lead	0.20 mg/kg	最大限量適用於清洗過的蔬菜或水果和已分離的可食用部分
醬油	Soy sauce	錫	Tin	20 mg/kg	最大限量適用於含有40%干物質的液態產品，干物質相應的最大限量為 5ug/kg。限量需要根據產品中干物質的含量進行調整
供嬰兒和幼兒食用的谷類加工食品以及嬰兒食品	Processed cereal-based foods and baby foods for infants and young children	黃曲霉毒素 B1	Aflatoxins B1	0.10μg/kg	根據 2006 年 12 月 5 日關於供嬰兒和幼兒食用的谷類加工食品以及嬰兒食品的委員會指令 2006/125/EC（OJ L 339, 6.12.2006, p.16）所規定的本分類範疇中所列的食品；最高限量水準適用於干物質。干物質根據條例（EC）No 401/2006 確定
供嬰幼兒食用並貼上此類標籤進行銷售的蘋果汁和固體蘋果產品，包括糖漬蘋果和蘋果原漿	Apple juice and solid apple products, including apple compote and apple puree, for infants and young children and labelled and sold as such	棒曲霉素	Patulin	10.0μg/kg	
供嬰幼兒食用的谷類加工食品以及嬰兒食品	Processed cereal-based foods and baby foods for infants and young children	赭曲霉素 A	Ochratoxin A	0.5μg/kg	根據 2006 年 12 月 5 日關於供嬰兒和幼兒食用的谷類加工食品以及嬰兒食品的委員會指令 2006/125/EC（OJ L 339, 6.12.2006, p.16）所規定的本分類範疇中所列的食品；最高限量水準適用於干物質。干物質根據條例（EC）No 401/2006 確定

附錄　歐盟食品法規標準節選

表(續)

食品中文名	食品英文名	污染物中文名	污染物英文名	限量	使用限制及備註中文
供嬰幼兒食用的穀物類加工食品	Processed cereal-based foods and baby foods for infants and young children	脫氧雪腐鐮刀菌烯醇	Deoxynivalenol	200μg/kg	大米不包括在「穀物」中,並且大米製品不包括在「穀物製品」中
穀物,不包括麩、酵母、小麥和大米	Cereals excluding bran, germ, wheat and rice	鎘	Cadmium	0.10 mg/kg	
罐裝的嬰兒食品和嬰幼兒谷類加工的食品,不包括干制和粉裝食品	Canned baby foods and processed cereal-based foods for infants and young children, excluding dried and powdered products	錫	Tin	50 mg/kg	根據2006年12月5日關於供嬰兒和幼兒食用的谷類加工食品以及嬰兒食品的委員會指令2006/125/EC(OJ L 339, 6.12.2006, p.16)所規定的本分類範疇中所列的食品;最大限量適用於待售產品
罐裝飲料,包括果汁和蔬菜汁	Canned beverages, including fruit juices and vegetable juices	錫	Tin	100 mg/kg	
罐裝嬰兒配方及後續配方食品(包括嬰兒牛奶和延續奶粉),不包括干的和粉狀產品	Canned infant formulae and follow-on formulae (including infant milk and follow-on milk), excluding dried and powdered products	錫	Tin	50 mg/kg	對於牛奶和奶製品,最高限量水準適用於現成可用的產品(此類銷售產品或者根據生產廠家指導再造的產品),對於除了牛奶和奶製品以外的產品,最高限量水準針對的是干物質。干物質根據條例(EC) No 401/2006確定。最大限量適用於待售產品
果汁,用於再生產的濃縮果汁以及果肉飲料	Fruit juices, concentrated fruit juices as reconstituted and fruit nectars	棒曲霉素	Patulin	50μg/kg	根據2001年12月20日關於人類食用的果汁和某些類似產品的理事會指令2001/112/EC定義的本分類範疇所列的食品(OJ L 10, 12.1.2002, P.58)
果汁,用於再製造的濃縮果汁和果蜜	Fruit juices, concentrated fruit juices as reconstituted and fruit nectars	鉛	Lead	0.050 mg/kg	根據2001年12月20日關於人類食用的果汁和某些類似產品的理事會指令2001/112/EC定義的本分類範疇所列的食品(OJ L 10, 12.1.2002, P.58)
供人類直接食用或者用作食品成分的巴旦木、開心果和杏仁	Almonds, pistachios and apricot kernels, intended for direct human consumption or use as an ingredient in foodstuffs	黃曲霉毒素B1	Aflatoxins B1	8.0μg/kg	該最高限量水準適用於落花生和堅果的可食用部分。如果對「帶殼」的落花生和堅果進行分析,則在計算黃曲霉素含量時,假定所有毒素均在可食用部分上
供人類直接食用或者用作食品成分的巴旦木、開心果和杏仁	Almonds, pistachios and apricot kernels, intended for direct human consumption or use as an ingredient in foodstuffs	黃曲霉毒素(B1, B2, G1和G2的總量)	Aflatoxins (Sum of B1, B2, G1 and G2)	10.0μg/kg	該最高限量水準適用於落花生和堅果的可食用部分。如果對「帶殼」的落花生和堅果進行分析,則在計算黃曲霉素含量時,假定所有毒素均在可食用部分上
供人類直接食用或者用作食品成分的的堅果及其製品,不包括巴旦木、開心果、杏仁、榛子和巴西堅果	Tree nuts, other than the tree nuts listed in 2.1.6 and 2.1.7, and processed products thereof, intended for direct human consumption or use as an ingredient in foodstuff	黃曲霉毒素B1	Aflatoxins B1	2.0μg/kg	該最高限量水準適用於落花生和堅果的可食用部分。如果對「帶殼」的落花生和堅果進行分析,則在計算黃曲霉素含量時,假定所有毒素均在可食用部分上

表(續)

食品中文名	食品英文名	污染物中文名	污染物英文名	限量	使用限制及備註中文
供人類直接食用或者用作食品成分的的堅果及其製品，不包括巴旦木、開心果、杏仁、榛子和巴西堅果	Tree nuts, other than the tree nuts listed in 2.1.6 and 2.1.7, and processed products thereof, intended for direct human consumption or use as an ingredient in foodstuff	黃曲霉毒素(B1，B2，G1和G2的總量)	Aflatoxins (Sum of B1, B2, G1 and G2)	4.0μg/kg	該最高限量水準適用於落花生和堅果的可食用部分。如果對「帶殼」的落花生和堅果進行分析，則在計算黃曲霉素含量時，假定所有毒素均在可食用部分上
供人類直接食用或者用作食品成分的果脯及其製成品，不包括無花果干	Dried fruit, other than dried figs, and processed products thereof, intended for direct human consumption or use as an ingredient in foodstuffs	黃曲霉毒素B1	Aflatoxins B1	2.0μg/kg	
供人類直接食用或者用作食品成分的果脯及其製成品，不包括無花果干	Dried fruit, other than dried figs, and processed products thereof, intended for direct human consumption or use as an ingredient in foodstuffs	黃曲霉毒素(B1，B2，G1和G2的總量)	Aflatoxins (Sum of B1, B2, G1 and G2)	4.0μg/kg	
供人類直接食用或者用作食品成分的落花生(花生)和其他油籽及其加工產品，但不包括：-用於精煉的植物油原油 -精煉植物油	Groundnuts (peanuts) and other oilseeds and processed products thereof, intended for direct human consumption or use as an ingredient in foodstuffs, with the exception of: — crude vegetable oils destined for refining — refined vegetable oils	黃曲霉毒素B1	Aflatoxins B1	2.0μg/kg	該最高限量水準適用於落花生和堅果的可食用部分。如果對「帶殼」的落花生和堅果進行分析，則在計算黃曲霉素含量時，假定所有毒素均在可食用部分上
供人類直接食用或者用作食品成分的落花生(花生)和其他油籽及其加工產品，但不包括：-用於精煉的植物油原油 -精煉植物油	Groundnuts (peanuts) and other oilseeds and processed products thereof, intended for direct human consumption or use as an ingredient in foodstuffs, with the exception of: — crude vegetable oils destined for refining — refined vegetable oils	黃曲霉毒素(B1，B2，G1和G2的總量)	Aflatoxins (Sum of B1, B2, G1 and G2)	4.0μg/kg	該最高限量水準適用於落花生和堅果的可食用部分。如果對「帶殼」的落花生和堅果進行分析，則在計算黃曲霉素含量時，假定所有毒素均在可食用部分上
供人類直接食用或者用作食品成分的榛子和巴西堅果	Hazelnuts and Brazil nuts, intended for direct human consumption or use as an ingredient in foodstuffs	黃曲霉毒素B1	Aflatoxins B1	5.0μg/kg	該最高限量水準適用於落花生和堅果的可食用部分。如果對「帶殼」的落花生和堅果進行分析，則在計算黃曲霉素含量時，假定所有毒素均在可食用部分上

附錄 歐盟食品法規標準節選

表(續)

食品中文名	食品英文名	污染物中文名	污染物英文名	限量	使用限制及備註中文
供人類直接食用或者用作食品成分的榛子和巴西堅果	Hazelnuts and Brazil nuts, intended for direct human consumption or use as an ingredient in foodstuffs	黃曲黴毒素(B1、B2、G1和G2的總量)	Aflatoxins (Sum of B1, B2, G1 and G2)	10.0μg/kg	該最高限量水準適用於落花生和堅果的可食用部分。如果對「帶殼」的落花生和堅果進行分析,則在計算黃曲黴素含量時,假定所有毒素均在可食用部分上
麩、酵母、小麥和大米	Bran, germ, wheat and rice	鎘	Cadmium	0.20 mg/kg	
干香料、調味料及蔬菜調料	Dried aromatic herbs, spices and vegetable seasonings	輻射劑量	radiation dose	10 kGy	最大總平均輻射吸收計量
甘草(光果甘草、脹果甘草及其他種類);甘草根及草藥成分	Liquorice (Glycyrrhiza glabra, Glycyrrhiza inflate and other species); Liquorice root, ingredient for herbal infusion	赭曲黴素A	Ochratoxin A	20μg/kg	
甘草(光果甘草、脹果甘草及其他種類);甘草提取物,用於食品,特別是飲料和糖果	Liquorice (Glycyrrhiza glabra, Glycyrrhiza inflate and other species);	赭曲黴素A	Ochratoxin A	80μg/kg	最大限量適用於純的和未稀釋的提取物,即從3-4公斤的甘草中提取1公斤提取物
供人類直接食用的穀類食品,作為最終產品銷售的供人類直接食用的穀物麵粉、麩皮和胚芽,不包括用於人類直接食用的玉米、玉米製成的小吃和早餐穀物、人類直接食用的玉米、玉米製成的小吃和早餐穀物、嬰兒和幼兒使用的穀物類加工食品(不包括加工的玉米類食品)和嬰兒食品、嬰兒和幼兒使用的玉米類加工食品,CN 代碼為 1103,13 或 1103,20,40 的實際粒徑 > 500 微米的玉米碎和其他 CN 代碼為 19041010 的並非用於人類直接消費的實際粒徑 > 500 微米的玉米研磨產品;CN 代碼為 1102,20 的實際粒徑 ≤ 500 微	Cereals intended for direct human consumption, cereal flour, bran and germ as end product marketed for direct human consumption, with the exception of foodstuffs listed in 2.4.7, 2.4.8 and 2.4.9	玉米赤黴烯酮	Zearalenone	75μg/kg	大米不包括在「穀物」中,並且大米製品不包括在「穀物製品」中

表(續)

食品中文名	食品英文名	污染物中文名	污染物英文名	限量	使用限制及備註中文
供人類直接食用的穀類食品，作為最終產品銷售的供人類直接食用的穀物麵粉、麩皮和胚芽，但不包括供嬰幼兒食用的穀物類加工食品；CN代碼為1103,13 或1103,20,40 的實際粒徑＞500微米的玉米碎和其他CN代碼為1904,10,10的並非用於人類直接消費的實際粒徑＞500微米的玉米研磨產品；CN代碼為1102,20的實際粒徑≤500微米的玉米碎和其他CN代碼為1904,10,10的並非用於人類直接消費的實際粒徑≤500微米的玉米研磨產品	Cereals intended for direct human consumption, cereal flour, bran and germ as end product marketed for direct human consumption, with the exception of foodstuffs listed in 2.4.7, 2.4.8 and 2.4.9	脫氧雪腐鐮刀菌烯醇	Deoxynivalenol	750μg/kg	大米不包括在「穀物」中，並且大米製品不包括在「穀物製品」中
供人類直接食用的蘋果固體類製品，包括糖漬蘋果和蘋果原漿並加貼標籤，但不包括：供嬰幼兒食用並貼此類標籤進行銷售的蘋果汁和固體類蘋果產品，包括糖漬蘋果和蘋果原漿；除供嬰幼兒食用的穀物類加工食品之外的嬰兒食品	Solid apple products, including apple compote, apple puree intended for direct consumption with the exception of foodstuffs listed in 2.3.4 and 2.3.5	棒曲霉素	Patulin	25μg/kg	
供人類直接食用的葡萄汁、再造濃縮葡萄汁、葡萄果肉飲料、葡萄醪以及再造濃縮葡萄醪	Grape juice, concentrated grape juice as reconstituted, grape nectar, grape must and concentrated grape must as reconstituted, intended for direct human consumption	赭曲霉素A	Ochratoxin A	2.0μg/kg	根據2001年12月20日關於人類食用的果汁和某些類似產品的理事會指令2001/112/EC定義的本分類範疇所列的食品（OJ L 10, 12.1.2002, P.58）；該最大限量水準適用於2005年之後收穫的產品
供人類直接食用的玉米、供人類直接食用的玉米制成的食物，但不包括：玉米制成的早餐穀物和小吃、嬰兒和幼兒用玉米類加工食品和嬰兒食品	Maize intended for direct human consumption, maize-based foods for direct human consumption, with the exception of foodstuffs listed in 2.6.3 and 2.6.4	伏馬菌素B1和B2總量	Fumonisins B1+B2	1,000μg/kg	該最高限量水準至2007年10月1日起適用

附錄　歐盟食品法規標準節選

表(續)

食品中文名	食品英文名	污染物中文名	污染物英文名	限量	使用限制及備註中文
供人類直接食用的玉米、玉米制成的小吃和早餐穀物	Maize intended for direct human consumption, maize-based snacks and maize-based breakfast cereals	玉米赤霉烯酮	Zearalenone	100μg/kg	大米不包括在「穀物」中,並且大米製品不包括在「穀物製品」中
除未成年食品之外的其他食品	Other foodstuffs except minor foodstuffs	鍶同位素,主要是Sr-90	Isotopes of strontium, notably Sr-90 Sr-90	750 Bq/kg	未成年食品的定義及其適用於它們的相應限量依據本法規第7條規定
除小食品之外的其他食品	Other foodstuffs except minor foodstuffs	碘的同位素,主要是I-131	Isotopes of iodine, notably I-131	2,000 Bq/kg	未成年食品的定義及其適用於它們的相應限量依據本法規第7條規定
除小食品之外的其他食品	Other foodstuffs except minor foodstuffs	鈈和超鈈元素的α-放射性同位素,主要是鈈-239, AM-241	Alpha-emitting isotopes of plutonium and transplutonium elements, notably Pu-239, Am-241	80 Bq/kg	小食品及其適用於它們的相應限量應本法規第7條的定義
除小食品之外的其他食品	Other foodstuffs except minor foodstuffs	所有的半衰期超過10天的其他核素,主要是銫134,銫137	All other nuclides of half-life greater than 10 days, notably Cs-134, Cs-137(7)	1,250 Bq/kg	未成年食品的定義及其適用於它們的相應限量依據本法規第7條規定。II不包括碳-14,氚和鉀-40
除嬰幼兒配方奶粉和後續配方之外的食品	Food with the exception of infant formulae and follow-on formulae	三聚氰胺及其結構類似物	Melamine and its structural analogues	2.5mg/kg	
除硬小麥、燕麥和玉米之外的未加工穀物	Unprocessed cereals other than durum wheat, oats and maize	脫氧雪腐鐮刀菌烯醇	Deoxynivalenol	1,250 μg/kg	大米不包括在「穀物」中,並且大米製品不包括在「穀物製品」中
除玉米以外的未加工穀物	Unprocessed cereals other than maize	玉米赤霉烯酮	Zearalenone	100μg/kg	大米不包括在「穀物」中,並且大米製品不包括在「穀物製品」中
大豆	Soybeans	鎘	Cadmium	0.20 mg/kg	
豆類蔬菜、谷類和豆子	Legume vegetables, cereals and pulses	鉛	Lead	0.20 mg/kg	最大限量適用於清洗過的蔬菜或水果和已分離的可食用部分
芳香葡萄酒、芳香葡萄酒飲料和芳香葡萄酒制成的雞尾酒	Aromatized wine, aromatized wine-based drinks and aromatized wine-product cocktails *	鉛	Lead	0.20 mg/kg	根據1991年6月10日關於規定了加香葡萄酒的定義、描述和介紹的通用規定的理事會條例(EEC) No 1601/91 (OJ L 149, 14.6.1991,p.1)中規定的此分類範疇中所列的食品,該條例根據歐洲聯盟同意保加利亞共和國和羅馬尼亞共和國加入的條件和安排的草案進行了最新修訂,赭曲霉毒素A的最大限量適用於這些成品中必須一定比例含有葡萄酒和/或葡萄的飲料;最大限量適用於自2001年收穫的水果所制成的產品

141

表(續)

食品中文名	食品英文名	污染物中文名	污染物英文名	限量	使用限制及備註中文
CN代碼為1102,20的實際粒徑≤500微米的玉米碎和其他CN代碼為1904,10,10的並非用於人類直接消費的實際粒徑≤500微米的玉米研磨產品	Milling fractions of maize with particle size ≤ 500 micron falling within CN code 1102, 20 and other maize milling products with particle size ≤ 500 micron not used for direct human consumption falling within CN code 1904, 10, 10	脫氧雪腐鐮刀菌烯醇	Deoxynivalenol	750μg/kg	大米不包括在「穀物」中,並且大米製品不包括在「穀物製品」中
CN代碼為1102,20的實際粒徑≤500微米的玉米碎和其他CN代碼為1904,10,10的並非用於人類直接消費的實際粒徑≤500微米的玉米研磨產品	Milling fractions of maize with particle size ≤ 500 micron falling within CN code 1102, 20 and other maize milling products with particle size ≤ 500 micron not used for direct human consumption falling within CN code 1904, 10, 10	玉米赤霉烯酮	Zearalenone	300μg/kg	大米不包括在「穀物」中,並且大米製品不包括在「穀物製品」中
CN代碼為1102,20的實際粒徑≤500微米的玉米碎和其他CN代碼為1904,10,10的並非用於人類直接消費的實際粒徑≤500微米的玉米研磨產品	Milling fractions of maize with particle size ≤ 500 micron falling within CN code 1102, 20 and other maize milling products with particle size ≤ 500 micron not used for direct human consumption falling within CN code 1904, 10, 10	伏馬菌素B1和B2總量	Fumonisins B1+B2	2,000μg/kg	該最高限量水準於2007年10月1日起適用
CN代碼為1103,13或1103,20,40的實際粒徑>500微米的玉米碎和其他CN代碼為1904,10,10的並非用於人類直接消費的實際粒徑>500微米的玉米研磨產品	Milling fractions of maize with particle size > 500 micron falling within CN code 1103, 13 or 1103, 20, 40 and other maize milling products with particle size > 500 micron not used for direct human consumption falling within CN code 1904, 10, 10	脫氧雪腐鐮刀菌烯醇	Deoxynivalenol	750μg/kg	大米不包括在「穀物」中,並且大米製品不包括在「穀物製品」中

附錄　歐盟食品法規標準節選

表(續)

食品中文名	食品英文名	污染物中文名	污染物英文名	限量	使用限制及備註中文
CN代碼為1103, 13 或1103, 20, 40 的實際粒徑>500 微米的玉米碎和其他CN代碼為19041010 的並非用於人類直接消費的實際粒徑>500 微米的玉米研磨產品	Milling fractions of maize with particle size > 500 micron falling within CN code 1103, 13 or 1103, 20, 40 and other maize milling products with particle size > 500 micron not used for direct human consumption falling within CN code 1904, 10, 10	玉米赤霉烯酮	Zearalenone	200μg/kg	大米不包括在「穀物」中,並且大米製品不包括在「穀物製品」中
CN代碼為1103, 13 或1103, 20, 40 的實際粒徑>500 微米的玉米碎和其他CN代碼為19041010 的並非用於人類直接消費的實際粒徑>500 微米的玉米研磨產品	Milling fractions of maize with particle size > 500 micron falling within CN code 1103, 13 or 1103, 20, 40 and other maize milling products with particle size > 500 micron not used for direct human consumption falling within CN code 1904, 10, 10	伏馬菌素 B1 和 B2 總量	Fumonisins B1+B2	1,400 μg/kg	該最高限量水準於 2007 年 10 月 1 日起適用
巴旦木、開心果和杏仁,在供人類食用或用作食品成分之前要進行分選或者其他物理處理	Almonds, pistachios and apricot kernels to be subjected to sorting, or other physical treatment, before human consumption or use as an ingredient in foodstuffs	黃曲霉毒素 B1	Aflatoxins B1	12.0μg/kg	該最高限量水準適用於落花生和堅果的可食用部分。如果對「帶殼」的落花生和堅果進行分析,則在計算黃曲霉素含量時,假定所有毒素均在可食用部分上
巴旦木、開心果和杏仁,在供人類食用或用作食品成分之前要進行分選或者其他物理處理	Almonds, pistachios and apricot kernels to be subjected to sorting, or other physical treatment, before human consumption or use as an ingredient in foodstuffs	黃曲霉毒素(B1, B2, G1 和 G2 的總量)	Aflatoxins (Sum of B1, B2, G1 and G2)	15.0μg/kg	該最高限量水準適用於落花生和堅果的可食用部分。如果對「帶殼」的落花生和堅果進行分析,則在計算黃曲霉素含量時,假定所有毒素均在可食用部分上
不直接向消費者出售的面筋	Wheat gluten not sold directly to the consumer	赭曲霉素 A	Ochratoxin A	8.0μg/kg	
除供嬰幼兒食用的穀物類加工食品之外的嬰兒食品	Baby foods other than processed cereal-based foods for infants and young children	棒曲霉素	Patulin	10.0μg/kg	根據 1999 年 3 月 25 日關於特殊醫療用途的膳食食品的委員會指令 1999/21/EC(OJ L 91, 7.4.1999, p.29) 所規定的本分類範疇中所列的食品;根據 2006 年 12 月 5 日關於供嬰兒和幼兒食用的谷類加工食品以及嬰兒食品的委員會指令 2006/125/EC(OJ L 339, 6.12.2006, p.16) 所規定的本分類範疇中所列的食品;

國家圖書館出版品預行編目（CIP）資料

中歐食品貿易案例解析 / 毛麗君 主編. -- 第一版.
-- 臺北市：財經錢線文化，2019.05
　　面；　公分
POD版

ISBN 978-957-680-331-4(平裝)

1.歐洲聯盟 2.國際貿易法規 3.食品衛生法規 4.中國

558.2　　　　　　　　　　　　　　108006736

書　　名：中歐食品貿易案例解析
作　　者：毛麗君 主編
發 行 人：黃振庭
出 版 者：財經錢線文化事業有限公司
發 行 者：財經錢線文化事業有限公司
E ‐ m a i l：sonbookservice@gmail.com
粉 絲 頁：　　　　　網　址：
地　　址：台北市中正區重慶南路一段六十一號八樓 815 室
8F.-815, No.61, Sec. 1, Chongqing S. Rd., Zhongzheng
Dist., Taipei City 100, Taiwan (R.O.C.)
電　　話：(02)2370-3310　傳　真：(02) 2370-3210
總 經 銷：紅螞蟻圖書有限公司
地　　址: 台北市內湖區舊宗路二段 121 巷 19 號
電　　話:02-2795-3656 傳真:02-2795-4100　　網址：
印　　刷：京峯彩色印刷有限公司（京峰數位）

　本書版權為西南財經大學出版社所有授權崧博出版事業股份有限公司獨家發行電子書及繁體書繁體字版。若有其他相關權利及授權需求請與本公司聯繫。

定　　價：300元
發行日期：2019 年 05 月第一版
◎ 本書以 POD 印製發行